Ernst Sellin

Die alttestamentliche Religion im Rahmen der andern altorientalischen

Verlag
der
Wissenschaften

Ernst Sellin

Die alttestamentliche Religion im Rahmen der andern altorientalischen

ISBN/EAN: 9783957007636

Auflage: 1

Erscheinungsjahr: 2016

Erscheinungsort: Norderstedt, Deutschland

Hergestellt in Europa, USA, Kanada, Australien, Japan
Verlag der Wissenschaften in Hansebooks GmbH, Norderstedt

Verlag
der
Wissenschaften

Die

alttestamentliche Religion

im Rahmen

der andern altorientalischen.

Von

Prof. D. Ernst Sellin
in Wien.

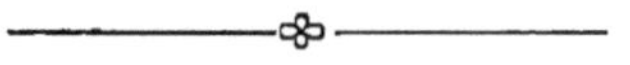

LEIPZIG.
A. Deichert'sche Verlagsbuchhandlung Nachf.
(Georg Böhme).
1908.

Vorwort.

Die nachfolgende Abhandlung ist das Konzept einer dreistündigen Vorlesung, die ich am 1.—3. Oktober auf der Pastoren-Lehrkonferenz in Dresden gehalten habe. Die Literaturangaben und Belegstellen machen auf Vollständigkeit keinerlei Anspruch. Eine breitere Ausführung einzelner Gedanken möchte manchen erwünscht erscheinen. Aber teils hindern mich zurzeit andere dringende Arbeiten daran. Teils war es der Wunsch der Konferenzteilnehmer, den Vortrag in der Form gedruckt zu lesen, wie sie ihn gehört und freundlich aufgenommen hatten. Und so möge er denn hinausgehen als ein neuerliches Zeugnis dafür, daß wir allen Grund haben, das „Licht aus dem Orient" mit Freuden zu begrüßen, als ein bescheidener Beitrag zur Ehrenrettung der alttestamentlichen Religion gegenüber verwirrenden, ephemeren Schlagworten, aber auch als Beleg dafür, daß es der evangelischen Theologie fern liegt, sich wissenschaftlichen Tatsachen zu verschließen.

Wien, den 6. Oktober 1907.

Der Verfasser.

Inhalt.

Einleitung.

Die alttestamentliche Religion im Rahmen der anderen Religionen des alten Orients — man kann wohl sagen: das ist das Generalproblem, welches heutzutage die alttestamentliche Wissenschaft beschäftigt, hinter dem alle anderen plötzlich zurücktreten, auf das hin alle zusammenfassenden Darstellungen der alttestamentlichen Religion sowohl wie sämtliche Einzeluntersuchungen eingestellt werden müssen, wenn anders sie auf der Höhe der Zeit stehen wollen. Als ein charakteristisches äußeres Anzeichen dafür mag gelten, daß das vorige Jahr allein uns drei Schriften bescherte, die alle in der einen oder anderen Weise Stellung zu diesem Probleme zu nehmen suchten: Marti, „Die Religion des Alten Testaments unter den Religionen des Vorderen Orients"; Winckler, „Religionsgeschichtlicher und geschichtlicher Orient" und Bäntsch „Altorientalischer und israelitischer Monotheismus".

Natürlich, das Problem ist nicht erst von gestern oder ehegestern, seit dem Beginn des vorigen Jahrhunderts, seitdem allmählich der alte Orient erschlossen wurde, ist es da, mit jeder neu entzifferten, die Religion betreffenden Quelle wachsend, nach einigen Funden geradezu ruckweise sich weiter entwickelnd, ich nenne etwa den der Opfertafel von Massilia oder des Meschasteines oder die noch viel stärker wirkenden Auffindungen der Bibliothek Assurbanipals mit den babylonischen Epen von Schöpfung und Flut, der Tafeln von Tell el Amarna oder des Hammurabikodex. Aber erst in den letzten Jahren hat sich fast

allgemein die Erkenntnis Bahn gebrochen, daß es überhaupt
unmöglich ist, die alttestamentliche Religion in ihrem Entwick-
lungsgange richtig zu verstehn, wenn man sie von den anderen
altorientalischen Religionen isoliert und sie nicht vielmehr mitten
hineinstellt in den Rahmen derselben. Im Prinzip würde das
wohl jeder jetzt zugeben. Wenn in der Praxis die Wege noch
einigermaßen auseinandergehen, wenn man besonders die zuerst
auffallende Erscheinung beobachtet, daß gerade die, die vor
30 und 20 Jahren am energischsten die alttestamentliche Religion
im Organismus der westasiatischen zu verstehn suchten, in
ihrem Eifer sogar vielfach weit über das Ziel hinausschießend,
nun plötzlich eine durch die syrisch-arabische Wüste laufende
Scheidewand gegenüber Babylon aufrichten wollen, so ist das
weiter nicht zu verwundern, sondern entspricht nur dem oft
beobachteten Gesetze der Petrefizierung. Viel ernster für die
Theologie ist die Gefahr, daß die, die mit aller Energie auf das
zweifellos richtige Ziel hinstreben, sich nicht zuvor mit der
alttestamentlichen Religion selbst genug befreunden, das vollständig Eigenartige derselben nicht genügend erkannt, ja, sich
nicht einmal genügend Rechenschaft darüber abgelegt haben,
was überhaupt Religion sei. Ich will ganz schweigen von den
Blößen, die sich der um sein eigenes Fach so hochverdiente
Delitzsch in seinen Vorträgen über Babel und Bibel in dieser
Richtung gegeben hat, ich will auch nicht polemisieren gegen
Winckler, von dem ich selbst viel gelernt habe, dessen eines
Axiom: „Religion ist Lehre" aber doch von einer ganz bedenk-
lich einseitigen Auffassung der Religion zeugt.

Nein, ich will nur konstatieren, daß es in der ganzen
Literatur von hüben und drüben über das Verhältnis der alttestamentlichen Religion zu den anderen orientalischen bis jetzt
überhaupt noch nicht zu einer klaren Herausarbeitung des Pro-
blems, geschweige denn einer allseitig durchgeführten Lösung
gekommen ist, daß man vielmehr immer nur um einzelne abge-
rissene Stücke der Religion gehandelt und gestritten hat. Nicht
einmal die monumentalen zusammenfassenden Werke von Smith
„Die Religion der Semiten" und Lagrange „Études sur les re-
ligions sémitiques" sind darüber hinausgekommen. Und wenn

ich daher im nachfolgenden in das weitverzweigte Problem einzuführen beabsichtige, so möchte ich doch dabei nicht nur
referieren und orientieren, sondern zugleich versuchen, das Problem selbst zu fördern, indem ich es eben, soweit mir bekannt,
zum ersten Male prinzipiell behandle, oder besser gesagt, zeige,
wie ich glaube, daß es einmal prinzipiell behandelt werden muß. In
Einzelheiten werden wohl manche von mir abweichen, genug,
wenn die Richtung gefunden ist, das Programm als ein richtiges
anerkannt wird. Denn das, hoffe ich, wird sich bestätigen, daß,
je mehr Ernst wir damit machen, die alttestamentliche Religion
in den Rahmen der verwandten antiken hineinzustellen, um so
mehr sie sich auch wieder von demselben als ein trotz aller
Ähnlichkeit ganz eigenartiges Gebilde abhebt, um so leuchtender
aus der orientalisch-menschlichen Hülle göttliches Licht hervorbricht, daß bei einer wahrhaft religionsgeschichtlichen Betrachtungsweise die alttestamentliche Religion nicht verliert,
nur gewinnt.

Welches sind nun die Religionen, zu denen wir die alttestamentliche in Beziehung setzen wollen? Absichtlich reden
wir nicht nur von altsemitischen, wie es noch vor kurzem Sitte
war, sondern Winckler folgend allgemein von altorientalischen.
Denn die Religion der Ägypter, eines nichtsemitischen Volkes,
von dem aber Palästina durch Jahrhunderte nicht nur politisch,
sondern auch religiös beeinflußt ist, können wir doch gewiß
nicht ausschließen. Und weiter die babylonische Religion, die
ja zweifelsohne der am weitesten reichende Faktor in der religiösen Entwicklung des westlichen Asiens gewesen ist, hat zum
mindesten einen auf die sog. Sumerer zurückgehenden starken
nichtsemitischen Einschlag. Über diese beiden Religionen nun
steht uns dank der nimmer rastenden Ausgrabungs- und Entzifferungsarbeiten des letzten Jahrhunderts bereits ein überaus
reiches Material zur Verfügung, historische Inschriften, Briefe
und Kontrakte, Mythen und Epen, Hymnen, Gebete, Gesetze
usw., dazu zum Teil die Objekte der Religion selbst, Götterbilder und Amulette, Tempel, Altäre und Gräber. Wenn auch
die beiden neuesten Verfasser einer Geschichte dieser Religionen,
Erman und Jastrow, versichern, daß noch nicht viel mehr er-

reicht sei, als die erste Orientierung auf dem verworrenen Gebiete, und wenn deswegen auch vieles noch ganz hypothetisch bleibt, ganze Lücken klaffen, zu einer besonnenen Vergleichung ist das bereits vorhandene Material gewiß ausreichend.

Die unmittelbarste Bedeutung für die alttestamentliche Religion hat die kananäische besessen, die wir zum Teil aus dem Alten Testamente selbst, zum Teil durch die in Tell el Amarna in Ägypten gefundenen Tontafeln sowie die Ausgrabungen in Palästina, besonders die von Gezer, Megiddo und Taanach jetzt aufs beste kennen. Einigermaßen gut orientiert sind wir auch über die jener eng verwandte phönizische Religion, über die uns ebenfalls die Amarnatafeln, dann einige Inschriften aus Phönizien selbst, aus Cypern und Karthago, die Bibel und die Schriften des Philo von Byblus und Damascius Aufschluß geben. Viel kümmerlicher schon steht es mit unseren Kenntnissen der aramäischen Religion: einige in Sendschirli ausgegrabene Inschriften, zwei Inschriften von Nerab, die Stele von Taima, das ist so ziemlich alles. Und noch dürftiger ist es bestellt mit unserer Kenntnis der Religionen der unmittelbaren östlichen Nachbarn Israels, der Ammoniter, Moabiter und Edomiter. Wir besitzen da nur die wenigen Andeutungen des Alten Testaments, den Stein des Königs Mescha von Moab, und dürfen vielleicht gewisse Rückschlüsse ziehen aus nabatäischen Inschriften und erhaltenen Heiligtümern. Viel reicher ist das Material dann wieder für die altarabische Religion, Zeugnisse im Koran, vorislamische Dichter und dann vor allem die in reicher Anzahl bereits gesammelten südarabischen Weihinschriften. Aber die Verarbeitung dieser ist leider immer noch nicht über die Anfänge hinausgekommen, so daß wir uns bis zur Stunde noch mit einigen vielversprechenden Brosamen begnügen müssen, die uns die Eingeweihten hinwerfen. Nur für die letzte Periode der alttestamentlichen Religionsgeschichte kommt auch die aus dem Avesta zu rekonstruierende iranische Religion in Betracht, speziell die zarathustrische Lehre.

Zeigt die eben gegebene Übersicht, daß als Quellen neben den durch Überlieferung auf uns gekommenen literarischen Denkmälern überall bereits solche, die erst in den letzten Jahrzehnten

durch Ausgrabungen und Funde in so überreichem Maße wieder
zugänglich geworden sind, in erster Linie in Betracht kommen
und gewiß mit jedem Jahre noch mehr kommen werden, so soll
zum Schlusse noch erwähnt werden, daß außerdem noch eine
dritte Quelle fließt, bei deren Verwertung freilich eine besondere
Vorsicht geboten ist, es ist die Kunde vom heutigen Orient. Es
ist besonders nach dem Vorgange Wetzsteins das Verdienst des
Amerikaners Curtiß in seinem Buche „Ursemitische Religion im
Volksleben des heutigen Orients" nach langen Reisen dargetan
zu haben, daß unter der Hülle von Islam, Christentum und Judentum bis in den heutigen Orient hinein noch ein gutes Stück altsemitischen Heidentums in Sitten und Vorstellungen sich gehalten hat. Soweit sich das bewährt, wird man also damit eine
sehr erwünschte neue Quelle für altorientalische Vorstellungen
von der Gottheit, den Opfern usw. erhalten.

Und nun wollen wir also die alttestamentliche Religion hin-
einstellen in den Rahmen aller dieser altorientalischen Religionen,
zeigen, welches die organischen Zusammenhänge zwischen ihnen,
welches die Verwandtschaften, aber auch, welches die Verschiedenheiten sind. Indes, welchen Weg dabei einschlagen und
was ist Religion? Wir sahen bereits, daß alle Versuche einer
richtigen Charakterisierung des Verhältnisses, die in den letzten
Jahren versucht sind, deswegen so wenig befriedigen, weil sie nur
einzelne Stücke der Religion ins Auge fassen, dieser den Gottesglauben, jener den Kult, ein dritter womöglich nur den Schöpfungs-,
Dämonen- oder Auferstehungsglauben u. dgl. Aber dies alles
ist doch nicht d i e Religion. Soweit ich sehe, hat bis jetzt nur
Marti in der erst zitierten Schrift versucht, in gedrängter Kürze
dem ganzen Gebiete derselben bei dieser Frage gerecht zu
werden. Aber indem er das Problem verfolgt nach den von
ihm statuierten vier Perioden der Geschichte der alttestamentlichen Religion, verschwinden die Einzelprobleme nur zu leicht
in dem Strome der allgemeinen geschichtlichen Darstellung.

Religion ist Verhältnis, Beziehung zu der Gottheit; diese
aber macht sich auf schlechthin allen Gebieten und nach allen
Richtungen des menschlichen Daseins hin bemerkbar und kommt
daher in der verschiedensten Weise menschlicher Betätigung

zum Ausdruck. in der äußerlichen Verehrung der Gottheit, also im Kult, im menschlichen Gemeinschaftsleben, also in Sitte und Recht, in der Natur- und Weltbetrachtung, in der Geschichtsbetrachtung, in der Betrachtung des eigenen Daseins und Lebens, als rein innerliche, individuelle Frömmigkeit, als Lehre von der Gottheit. als unmittelbare Offenbarung ihres Willens und ihrer Absichten.

Jeder Kenner der einschlägigen Literatur weiß, daß bei einzelnen dieser Gebiete die Frage des Verhältnisses der alttestamentlichen Religion zu den anderen altorientalischen kaum einmal aufgeworfen, geschweige bei allen gleichmäßig beantwortet ist. Und doch wird man erst, wenn unter Absehen von einzelnen Lieblingsgebieten der Forschung jenes in gleich gründlicher objektiver Weise geschehen sein wird, wirklich ein Urteil über das Wesen und die Bedeutung der alttestamentlichen Religion fällen dürfen. Daß ich in dem Rahmen meiner augenblicklichen Aufgabe die einzelnen Gebiete nicht erschöpfend behandeln kann, versteht sich von selbst, ich kann nur orientierende Richtlinien geben. Aber schon die werden genügen zu zeigen, wie einseitig das Urteil bei der bis jetzt beliebten Methode leicht wird, wie aber gerade die richtig geübte religionsvergleichende Methode, je mehr sie den anderen Religionen das Ihre gibt und die wirklich vorhandenen Zusammenhänge herauszustellen sucht, die allerschärfste Waffe wird zur Verteidigung der Einzigartigkeit, des überweltlichen Gehaltes der alttestamentlichen Religion.

I. Der Kult.

Daß die alttestamentliche Religion mit den anderen altorientalischen aufs engste verbunden, ja eben selbst eine altorientalische ist, hat man seit langem mit Recht am handgreiflichsten durch die äußere Gottesverehrung, durch den Kult bestätigt gefunden. Einige kurze Andeutungen mögen auch uns das anschaulich vor Augen führen, wobei wir der üblichen Einteilung des kultischen Gebietes in heilige Orte. heilige Personen, heilige Zeiten und heilige Handlungen folgen.

1. Daß die alten Israeliten bis ins 8. Jahrhundert hinein genau wie die alten Phönizier, Kananäer, Araber usw. die Gottheit anstandslos auf oder bei besonderen Felsen, unter Bäumen, auf Bergen, an Quellen und vor Höhlen verehrt haben, zeigt ja ein Blick in die zwei ersten Bücher Mose, Richter und Samuel. Ich erinnere hier nur an den Sinai, den Zion, die Höhen von Gibeon, Bethel usw., an die Felsentenne Ornans, den Wald von Mamre, den heiligen Baum bei Sichem, die heiligen Brunnen von Beersaba usw. Das altsemitische Material in dieser Beziehung ist aus den literarischen Quellen am besten von Smith gesammelt. Die Ausgrabungen in Palästina haben viele neue Illustrationen dazu geliefert.

Aber die Verwandtschaft reicht noch viel weiter. Genau wie für die Phönizier und Kananäer ist auch für Israel die einfachste Art des Altars der herbeigerollte bzw. aufgerichtete Stein (vgl. 1. Sam. 14, 33), auch hier hat man den heiligen Baum beim Altar durch eine Holzsäule, Aschera genannt, ersetzt, wie bei den Moabitern hat man transportable Feuerherde Gottes, Ariel genannt, verfertigt. Versinnlichte man Jahwe im Bilde, so wählte man das bei allen alten Orientalen weitverbreitete Bild des Stieres.

Ja, wir müssen noch einen Schritt weitergehen! Sogar die zentralsten Heiligtümer des Volkes tragen zum guten Teile das allgemein orientalische Gepräge. Das „Zelt der Zusammenkunft", welches in der Wüste das Hauptheiligtum des Volkes, die Lade barg, hat seinen Archetypus in dem himmlischen Orte der Versammlung, wo die babylonischen Götter zum Zwecke der Schicksalsbestimmung zusammenkommen. Und auch bezüglich der Lade selbst sind in der letzten Zeit sehr interessante Untersuchungen angestellt, die es fast gewiß machen, daß dies Heiligtum durchaus nicht isoliert dasteht, sondern Parallelen bei den benachbarten Völkern hat. Nicht nur die schon früher vielfach herangezogenen Kisten aus dem Osiris- und Tammuzkult werden noch immer verglichen, nicht nur hat Hommel in dem babylonischen parak šimati, einer bei der Prozession Marduks herumgetragenen Monstranz, die die Schicksalstafeln enthält, eine direkte Parallele zu der paroket, der Bezeichnung des

Deckels der Bundeslade finden wollen, nein, die besten Parallelen glaubt man neuerdings, da die Lade zugleich auch als Thron Jahwes bezeichnet wird (vgl. Jer. 3, 16 f.), in kastenförmigen Thronsitzen nachweisen zu können, auf denen z. B. der Sonnengott von Sippar sichtbar dargestellt wird, während andere Götter auch auf diesen Thronen unsichtbar sitzend gedacht wurden (z. B. bei den Persern). Auf den Seiten eines solchen Thronkasten müßten wir uns dann die Cherubim ursprünglich im Relief dargestellt vorstellen (vgl. besonders Dibelius, „Die Lade Jahwes").

Daß endlich das große jerusalemische Heiligtum, der salomonische Tempel, nach vielen Richtungen hin ebenfalls seine altorientalischen Parallelen hat, soll auch nur angedeutet werden; die Säulen Jachin und Boaz in den sehr häufig bei den altorientalischen Heiligtümern wiederkehrenden Säulenpaaren (vor dem Tempel des Melkart zu Tyrus, vor dem zu Paphos, Säulen des Herakles, in den zwei Gharijan der Araber, den zwei Obelisken vor dem Tempel in Theben usw.), das eherne Meer und die fahrbaren Becken in babylonischen und cypriotischen Erzeugnissen, von den Emblemen an den Wänden ganz zu schweigen. Die zehn ehernen Leuchter, zu je fünf gestellt, gehen ebenso wie der eine siebenarmige auf die 5 bzw. sieben Planeten zurück, das finstere Adyton hat in dem weitverbreiteten Höhlencharakter des Allerheiligsten seine Parallele, die stufenweise Dreiteilung in Vorhof, Heiliges und Allerheiligstes, die der des Weltalls entspricht, beispielsweise in dem Tempel des Amon Re in Karnak usw.

Wir stehen in diesem Kapitel auf der äußersten Peripherie des religiösen Lebens und dürfen uns nicht wundern, wenn uns vieles, sehr vieles ganz altorientalisch anmutet. Ist denn aber nichts Originelles, Eigenartiges da? Zwei Punkte sind zu beachten: zunächst die Einheit der Kultusstätte, wie sie das Deuteronomium verlangte. Freilich beweist das Alte Testament selbst, daß eine Einheitlichkeit zwar prinzipiell seit der Religionsstiftung durch das Bundesheiligtum der Lade, welches alle anderen an Bedeutung überragte, gegeben war, daß aber jene Forderung, das bewußte Verbot anderer Kultstätten, sich erst allmählich, zweifelsohne auch unter Mitwirkung politischer Gesichtspunkte wie bei den Rivalitätskämpfen sonstiger altorientalischer Heiligtümer entwickelt hat. Und doch ist ein Doppeltes bemerkenswert: einmal, die ersten Vorkämpfer der Einheit und Bekämpfer der Höhen, ein Amos und Hosea, sind durchaus von sittlich-religiösen Gesichtspunkten geleitet, und sodann, soviel wir wissen, ist in den benachbarten kleinen Reichen der Moabiter usw. nie die Tendenz auf eine solche Kultuszentralisation hin entstanden. Sollte das nicht also doch schon in einem verschiedenen Charakter der verehrten Gottheiten seine Wurzeln haben?

Und mehr Beachtung noch verdient ein zweiter Punkt; ein Originelles hat die israelitische Kultstätte von vornherein gehabt, an den drei wichtigsten, Sinai, Silo, Jerusalem, war von vornherein ein Gottesbild verpönt, zum allermindesten keins vorhanden.[1] Die Schule Wellhausens hat sich bemüht, die Ausnahmen, die Abfallserscheinungen wie die Stiere Jerobeams als die Regel hinzustellen, sie hat aus dem priesterlichen Lendenschurz, mit dem sich der Orakel Einholende gürtete, dem Ephod oder aus der ehernen Schlange, die, wie die Grabungen in Palästina lehrten, schon bei den Kananitern ein heilbringender Dämon war, kühn ein Jahwebild gemacht, oder, als das allmählich anfing unsicher zu werden, hat sich Stade zu der Behauptung verstiegen: wenn das Verbot „du sollst dir kein Bildnis machen“ mosaisch wäre, so könnte es nur bedeuten: nicht künstliche Bilder, sondern einfache Fetische sollst du benutzen. Indes, das setzt nicht nur die israelitische, das setzt die sämtlichen altorientalischen Religionen des 14. Jahrhunderts auf ein Niveau herab, das in schreiendem Kontraste steht zu allem, was die Inschriften uns lehren. Nein, hier hilft kein Drehn und Deuteln: mag man in der Praxis noch so oft davon abgewichen sein, die offizielle israelitische Religion ist von Anfang an in schroffem Gegensatze zu allen orientalischen eine bilderlose gewesen, am Hauptheiligtum hat man dies Bewußtsein

---

[1] Vgl. hierzu wie überhaupt zu der Frage der Mosaität des Dekalogs den vortrefflichen Artikel von König „Neueste Verhandlungen über den Dekalog“, N.K.Z., 1906, S. 565 ff.

immer bewahrt, und so ist schon auf diesem Gebiete ein Reis in den Boden gesenkt, das einmal Frucht tragen mußte, wie wir sie in keiner altorientalischen Religion beobachten; ein Gott, der unsichtbar in seinem Heiligtum den Kult entgegennahm, konnte auf die Dauer nicht an dasselbe gebunden sein, mußte früher oder später an andern Stätten der Erde gerade so gut verehrt werden können (vgl. Jes. 19, 18 ff.), und von seinem Heiligtum konnte früher oder später ein Kult für alle Völker der Erde, ein Kult im Geiste und in der Wahrheit ausgehn (vgl. Jes. 2, 1—4).

2. Wir kommen zu den heiligen Personen. Das Alte Testament kennt, indem wir von den zeitweise von Gottes Geist befallenen Helden absehen, drei religiöse Charaktergestalten. a) Die Priester. Daß diese nicht der alttestamentlichen Religion spezifisch-eigentümlich sind, bedarf keines Beweises. Eine organisierte Priesterschaft können wir im alten Ägypten wie Babylonien, in Phönizien wie Karthago nachweisen, müssen sie aber auch an wichtigen Heiligtümern des alten Arabien voraussetzen. Einen Oberpriester gab es in Memphis und Hierapolis so gut wie in Jerusalem. In den Funktionen sowohl wie in den Trachten sind handgreifliche Zusammenhänge (das Ephod, der Lendenschurz der israelitischen Priester ist auch die Tracht der ägyptischen, den Brustschmuck des Hohenpriesters vergleicht Hommel „Die altisraelitische Überlieferung in inschriftlicher Beleuchtung" S. 82 f. direkt mit dem des Oberpriesters in Memphis. Urim und Tummim haben sicher anderswo ihre Doppelgänger, obwohl man noch nicht sagen kann, ob im ägyptischen Sperber und Schakal, in den babylonischen Schicksalstafeln Marduks oder arabischen Lospfeilen). Die sonstige Tracht des Hohenpriesters scheint auf babylonische Elemente, Darstellung des Kosmos zurückzugehen, die Vorschriften über die Qualifikation zum Priestertum ähneln außerordentlich denen für die babylonischen Wahrsagepriester (v. „Jeremias, Das alte Testament im Lichte des alten Orients" S. 449, 455).

Ja, einen noch engeren Zusammenhang zwischen israelitischem und außerisraelitischem Priestertum werden wir annehmen müssen, seitdem in drei Inschriften der minäischen Kolonie el Ola in

Nordarabien (aus dem 6. od. 5. Jahrh.) auch die Worte lawi' u lawi'at entdeckt sind, die Müller, Mordtmann, Hommel u. a. sicher als Priester, Priesterin gedeutet und mit לֵוִי zusammengestellt haben. Welch überraschende Perspektive! Der Levistamm, der seinen Sitz um das Heiligtum von Qadesch hatte, hat entweder Nordarabien gerade so wie Palästina mit Priestern versorgt (so Ed. Meyer, Die Israeliten S. 89), oder die hebräische Bezeichnung für das erbliche Berufspriestertum ist überhaupt von den Minäern (vgl. Jethro) entlehnt (so Hommel S. 278).

Bei aller großen Verwandtschaft darf freilich auch hier ein kleiner Punkt der Differenz nicht übersehen werden, der je länger je mehr bedeutungsvoll geworden ist: der israelitische Priester ist von vornherein besonders zu einer Funktion verpflichtet, die zwar anderswo auch nicht fehlte, aber doch nur mit anderen auf eine Linie gestellt wurde, zum Erteilen der Thora, des Orakels mittels der Urim und Tummim. Nicht das Opfern, nicht das Kalendermachen, nicht das Beschwören usw. war hier das wichtigste Amt des Priesters, sondern das „Lehren der Rechte Jahwes“ Deut. 33, 10 a, schon der Sitz des Mose, Qadesch hieß die „Quelle des Rechts“ Gen. 14, 7. Jemehr nun diese Thoraerteilung ausschließlich zur Rechtsprechung wurde (vgl. VII), um so enger mußte auch die Verbindung von Religion und Recht in Israel werden, eine Verbindung, die zwar nirgends ganz gefehlt hat, eine so organische wie in Israel aber in keinem altorientalischen Volk geworden ist. Sogar aus den schweren Beschuldigungen, die ein Hosea, ein Jeremia gegen die Priester schleudern, können wir entnehmen, nicht, daß dieselben in Israel schlimmer gewesen seien als anderswo, sondern, daß man höhere Anforderungen an ihren sittlichen Wandel, ihre Unbestechlichkeit usw. als anderswo gestellt hat (vgl. Das Gottesgericht über die Eliden).

b) Die zweite religiöse Charaktergestalt ist der Nasiräer. Wir kennen ihn aus dem Bilde des Simson und Samuel, aus Amos 2, 9, auch Joseph hat der ältesten Überlieferung als Nasiräer gegolten (vgl. Gen. 49, 26; Deut. 33, 16). Der Gottheit Geweihte, männliche und weibliche, hat es nun in allen altorientalischen Religionen gegeben, aber schon das ist beachtenswert, daß sämtliche andere Formen, besonders die männlichen und weiblichen Kedeschen schon in vorprophetischer Zeit von der legitimen Religion, die eine keusche Religion war, abgestoßen und nur das Nasiräat legitimiert ist. Freilich hat auch dies durchaus Berührungen mit Weihungen bei anderen Völkern. Besonders Smith hat dargetan (S. 254 ff.), wie das äußere Symbol des israelitischen Nasiräats, das nicht geschorene Haar sein Licht erhält durch die im ganzen Orient und hinüber nach Griechenland verbreitete Anschauung, daß das Haar als Sitz des Lebens sich vor allem zu Opfern eignet, deswegen zu den Gegenständen gehört, die der Pilger wie der sich der Gottheit Weihende überhaupt nicht berühren, ihr vielmehr allein reservieren muß. Und Curtiß erzählt, wie diese Art der Weihung noch im heutigen Orient lebt: einem gelobten Kinde wird das Haar nicht geschnitten, bevor es herangewachsen ist. Dann wird ein großes Fest veranstaltet; ein solcher Knabe wird als Christ Mönch, als Moslem Derwisch (S. 173, 190). Aber auch die Enthaltung vom Wein, die mit Recht schon immer aus dem Gegensatze zu kananitischer Kultur und Religion hergeleitet wurde, hat eine interessante Parallele gefunden durch die Weihinschrift von Palmyra an den Gott, der keinen Wein trinkt (vgl. Lagrange S. 506). Und doch hat das israelitische Nasiräat einen ganz eigenartigen Charakter dadurch erhalten, daß es von vornherein überhaupt als eine Weihung zu lebenslänglichem Kampfe für Jahwe gegen die Gottheiten des Landes und ihre Verehrer aufgefaßt ist. Mit dem Fortschritt der Ideen von der Art dieses Kampfes konnte daher auch diese Gestalt in Israel eine einzigartige Bedeutung erlangen.

c) Die dritte und wichtigste Gestalt ist der Nabi, der Prophet. Die Akten über die Provenienz dieser Gestalt sind allerdings immer noch nicht geschlossen. Aber daß auch hier zunächst eine auch sonst im alten Orient bekannte Gestalt vor uns steht, dürfte gewiß sein. Betrachten wir die Bibel allein, so scheint die vor allem von Künen vertretene Auffassung viel für sich zu haben, daß eine spezifisch kananitische Äußerung religiösen Lebens auch in Israel eingedrungen ist, während das Israel der Richterzeit nach 1. Sam. 9, 9 nur „Seher" kannte. Die

plötzlich in den Tagen Samuels und Sauls auftauchenden, im
Lande herumziehenden, unter Hinzuziehung von Musik ekstatische
Zustände erzeugenden Banden von Nebiim erinnern gar zu leb-
haft an diejenigen, die nach der Bibel selbst auch der phönizische
Baal hatte (vgl. 1. Kön. 18, 19, 20, 25, 40; 2. Kön. 3, 13; 10, 19).
Anderseits freilich war diese Art der religiösen Ekstase auch
nicht etwas den Kananäern ausschließlich Eigentümliches, man
denke an die arabischen Derwische, Jeremia setzt sie (27, 9) auch
bei anderen Nachbarn voraus, der heutige Orient kennt ebenfalls diese „Verrückten" aller Orten als Heilige. Und da die
Etymologie des Wortes nabi zu offenkundig auf das babylonische
nabû, den Verkünder göttlichen Willens, hinführt, so dürfte
doch eine viel weiter verbreitete altorientalische religiöse Lebens-
regung zugrunde liegen.

Aber je größer hier die Verwandtschaft auf den ersten Blick,
um so tiefer bald die Differenz. Ob jene kananäischen Nebiim
sich so vollständig in den Dienst der nationalen Religion wie
die israelitischen gestellt haben, ist auch bereits fraglich. Aber
auf jeden Fall sind aus diesen Persönlichkeiten hervorgegangen,
bei denen das ekstatische Element ganz zurücktrat hinter dem
klaren, unmißverständlichen Worte Gottes, Persönlichkeiten,
denen die anderen altorientalischen Völker überhaupt nichts an
die Seite zu stellen haben, Gestalten, auf die wir in VII eingehen-
der zu sprechen kommen werden, und auf jeden Fall ist daher
auch hier ein altorientalisches Gefäß mit einem vollständig neuen
Inhalt gefüllt.

3. Wie alle altorientalischen Religionen kennt auch die alttestamentliche heilige Zeiten, wir können vor allem Mondfeste
und mit der Sonne zusammenhängende Jahresfeste unterscheiden.
Daß hier allgemeine altorientalische Ursprünge und Zusammenhänge vorliegen, ist schon deswegen so gut wie sicher. Winckler
glaubt sogar ein mindestens seit 3000 v. Chr. von Babylon bis
nach Ägypten reichendes, allen Festen zugrunde liegendes und
nur verschieden gedeutetes bzw. angewandtes System nachweisen
zu können (S. 52 ff.). Bei der ersten Kategorie sagt der Name
des einen Feiertages, des חֹדֶשׁ ja ganz ausdrücklich, daß er ursprünglich einmal nichts anderes gewesen als die Feier des Neu-

mondes, und danach wird ein Zusammenhang des in den ältesten Quellen meistens neben ihm genannten Sabbats (vgl. Am. 8, 5; Hos. 2. 13; Jes. 1, 13; 2. Kön. 4, 22 f.) mit dem Wechsel der vier Mondphasen, wenn nicht mit dem Vollmondstage (so neuerdings Meinhold) fast gewiß. Und daß die Jahresfeste nicht nur kananäische Erntefeste, sondern im ganzen alten Orient gefeierte Kalenderfeste waren, kann wenigstens vom Frühlings- und Herbstfest geradezu mit Sicherheit angenommen werden.

Aber jedes Volk deutete diese Feste nun eigenartig, verknüpfte sie mit seiner eigenen Geschichte und feierte sie in eigentümlicher Weise. Und darauf muß eben seitens der Theologie aller Nachdruck gelegt werden. Die Propheten eröffnen geradezu eine Polemik gegen die volkstümliche ganz äußerlich gewordene Feier des Neumonds und Sabbats, lieber will Jahwe gar keine Feier als diese (vgl. Jes. 1, 13). Hatte doch bereits Mose letzteren mit einem vollständig neuen Inhalt gefüllt: er sollte ein Tag heiliger Ruhe und zugleich ein Tag der Betätigung edelster, weitgehender Humanität sein (vgl. 2. Mos. 20, 8 ff.; 23, 12). Es ist richtig, Babylon bietet entfernte Parallelen auch hierzu. Es kennt den siebenten Tag als bösen, als Fluchtag, an dem manches vom Könige, von der Priesterin, vom Magier und vom Arzt zu unterlassen ist, es kennt auch einen šabattum, einen Tag der Beruhigung der Götter, von dem es freilich mehr als zweifelhaft ist, ob es der siebente war (Jeremias S. 184), es kennt aber auch den Tag der Grundlegung oder Weihung des Tempels des Ninib, den Vollmondstag als einen Tag der Ruhe (vgl. Winckler S. 61). Aber wie ganz anders ist auf jeden Fall in Israel durch die Aufnahme des Sabbatgebotes in den Dekalog, das Grundgesetz, dem gesamten religiösen Volksleben ein Stempel aufgedrückt, ein Stempel, der im babylonischen Exil sogar zu einem Schibboleth gerade auch gegen die Babylonier wurde (vgl. Ezech. 20, 12 ff.). Von diesem das Volk durch das ganze Jahr begleitenden Tage erhält das ganze bürgerliche Leben, die ganze Arbeit des Volkes seine religiöse Weihe und Konzentrierung.

Und genau so liegt das Problem auch bei den Jahresfesten. Mit der Zeit haben dieselben in Israel ja sämtlich den Charakter historischer Erinnerungsfeste angenommen; der Grundton

sollte nach dem Deuteronomium die Freude sein, aber eine wür-
dige, reine, keusche. Auch bei den anderen Völkern haben wir
gewiß Dank für Natursegen und Bitte um weiteren anzunehmen,
gewiß auch Erinnerung an die großen Ereignisse ihrer Geschichte.
Aber wie fällt hier schon allein infolge des Polytheismus alles
auseinander, keine Erinnerung an eine einheitliche Leitung des
Volkes auf ein bestimmtes Ziel hin, infolgedessen aber auch
keine ethisch-religiösen Impulse in bezug auf die Zukunft. Auch
in den Zeiten der größten Verweltlichung des Volkes fanden
die Propheten in dieser gemeinsamen geschichtlichen Tradition,
deren Pflege die Feste dienten, die Anknüpfungspunkte für ihre
Bußreden; einen großen Teil derselben (Amos 3, 1 ff.; 5, 1 ff.;
Jes. 1, 1 ff. usw.) müssen wir uns gerade an solchen Tagen gehalten denken.

Wie aber die kananäischen Feste gefeiert wurden, schildern
uns gerade diese Reden, ein geistloses Singen und Beten, Un-
mäßigkeit, Unzucht usw. gaben ihnen das Gepräge, und was wir
über die phönizischen Feste wissen (vgl. 2. Kön. 9, 22 u. Lucian
De dea Syra 6) entspricht dem durchaus; wie die Ischtarfeste
gefeiert wurden, legen die Ischtarmythen nahe. Und konnte
es bei dem naturhaften Charakter der Götter anders sein? Gewiß, auch Israel hat solche Feste nur zu gerne rezipiert, aber sie
sind dann durch das Donnerwort der Propheten gerichtet, wo aber
sind diese Ankläger bei den anderen Völkern? Vgl. Am. 5, 21 usw.

4. Wir kommen zu den heiligen Handlungen. a) Die erste
Stelle nimmt da natürlich das Opfer ein. Daß dies eine allgemein menschliche Äußerung der Religiosität ist, hervorgegangen
aus dem Dank-, dem Schwachheits- und dem Schuldgefühl, bedarf heutzutage keines Beweises mehr. Wie eng auch hier im
Hinblick auf Material, Herrichtung und Deutung der Opfer, die
Beziehungen zwischen Israel und anderen altorientalischen
Völkern sind, hat besonders wieder Smith (S. 160 - 336) ausgeführt. Die babylonischen Parallelen hat Jeremias (S. 427—431)
zusammengestellt. In der Opfertafel von Massilia werden drei
tierische Opferarten unterschieden, die auffallend an die biblischen
erinnern שלם צועת כלל. Die Deutung im einzelnen ist allerdings
sehr umstritten, Lagrange übersetzt expiatoire, pacifique, holo-

causte (S. 470), andere anders (vgl. Smith S. 178 f.), genug, daß auch hier ganz bestimmte Vorschriften vorliegen über das, was von den Bestandteilen des Tieres in jedem Falle an die Gottheit fallen, was der Opfernde, was der Priester haben soll.

Es ist also unleugbar, daß auch auf diesem Gebiete die alttestamentliche Religion einfach an altorientalische religiöse Einrichtungen angeknüpft und dieselben zum Teil herübergenommen hat. Weder kann man noch sagen, daß der Gedanke der Kommunion mit der Gottheit, der den alttestamentlichen Schelamim zugrunde liegt, ein spezifisch israelitischer sei, denn gerade Smith hat dargetan, wie fundamental dieser auch bei den Arabern, Phöniziern usw. war, — nur bei den Babyloniern läßt er sich bis jetzt nicht nachweisen — noch auch der Gedanke, daß die Opfer zu sühnen hätten, denn das כִּפֶּר als Zweck des Opfers findet sich bei den Babyloniern (vgl. Jeremias S. 431) so gut wie bei den Phöniziern.

Und doch läßt sich auch hier, und zwar in dreifacher Richtung nachweisen, wie trotz des gemeinsamen Ausgangspunktes die alttestamentliche Religion ihre ganz einzigartige Entwicklung genommen hat. Zum ersten muß es ihr zum Ruhm nachgesagt werden, daß sie, wie sie das altorientalische Keuschheitsopfer offenkundig von jeher perhorresziert, so auch am frühesten unter allen benachbarten Religionen gegen das Menschenopfer im Kulte Stellung genommen hat. Zu dem allgemeinen Gebrauch der Menschenopfer bei den Semiten vgl. man Smith S. 276 ff., welche Rolle das Kinderopfer bei den Kananäern gespielt hat, haben die Ausgrabungen in Palästina in schauerlicher Weise illustriert, bei den Babyloniern ist es verhältnismäßig stark zurückgetreten (vgl. Jeremias S. 454 f.). Daß auch die Israeliten nicht nur dem Moloch, sondern ganz vereinzelt auch Jahwe Menschenopfer dargebracht haben, erzählt ja das Alte Testament selbst ausdrücklich (vgl. Richt. 11, 39; Micha 6, 7). Aber ebensowenig kann geleugnet werden, daß die berufenen Träger der Religion schon vor den Schriftpropheten (vgl. Micha 6, 8) Front dagegen gemacht haben (vgl. Gen. 22) wahrscheinlich doch schon Mose selbst (Ex. 22, 28 f.; 34, 20).

Zum anderen ist unleugbar, daß diejenigen, die das alttestamentliche Opferritual ausgebildet haben, viel stärker als die Priester der umwohnenden Völker je länger je mehr allen Nachdruck auf die Sühnung der Sünde gelegt haben; zu einer Loslösung besonderer Arten von Sünd- und Schuldopfern aus dem sonstigen Kreise der Opfer ist, soweit wir sonst sehen, keine andere altorientalische Religion vorgeschritten.

Doch viel wichtiger als dies alles ist eine dritte Beobachtung. Bei keinem sonstigen altorientalischen Volke finden wir die Auffassung, daß der ganze Opferkult in der Religion etwas Peripherisches, daß er nicht die Religion sei, sondern innerhalb derselben nur die Bedeutung eines Symbols habe, daß viel wichtiger vor Gott Recht tun, Liebe üben usw. sei, daß, wenn es da zu einem Entweder—Oder kommt, Gott überhaupt auf alle tierischen Opfer, auf allen Kult verzichte. Diesen Gedanken, den wir wie einen roten Faden durch die alttestamentliche Religionsgeschichte hindurchlaufen sehn von 1. Sam. 15 „Gehorsam ist besser als Opfer" bis Sach. 8 „vor allem liebt die Milde und den Frieden" und darüber hinaus in Ps. 40; 50; 51, haben die anderen altorientalischen Religionen nichts, aber auch gar nichts an die Seite zu setzen. So gewiß auch dort die Träger der Religion auf Recht und Liebe werden gedrungen haben, so wenig sind sie darauf gekommen, diese Gebiete über das des Kultus hinaus zu heben, und damit die Religion zu einer in vollem Sinne ethischen zu machen. In Israel hingegen haben nicht nur die Propheten und unmittelbar prophetisch beeinflußte Kreise so gedacht, sondern sogar die berufenen Anwälte des Kultus, die Verfasser des Priesterkodex sind sich dessen bewußt gewesen, was freilich von den Priestern in praxi sehr oft wird vergessen sein, daß der Kultus nicht Selbstzweck sei, sondern nur erziehend wirken solle hin auf das Ziel: „ihr sollt heilig sein, denn ich bin heilig", Lev. 19, 2, „ein Königreich von Priestern und ein heiliges Volk" Ex. 19, 6; Deut. 27, 9 ff.

b) Und damit haben wir auch die richtige Formel für alle sonstigen heiligen Handlungen gefunden. Das Gebiet ist ein sehr großes: die Beschneidung und sonstige Riten der Weihung, Vorschriften betreffs Reinigung und Verunreinigung, Fasten, Geloben, Beten, Tanzen, Singen, Segnen, Kriegführen, Beschwören,

Namenlegen usw. Es würde zu weit führen, bei allen diesen
den gemeinsamen altorientalischen Ausgangspunkt nachzuweisen,
er ist, seitdem wir Material zur Vergleichung haben. in den
meisten Fällen mit Händen zu greifen. Es sind in den letzten Jahren
die interessantesten Einzeluntersuchungen auf diesen Gebieten
angestellt. und jedesmal läßt sich eigentlich dasselbe beobachten:
auf der einen Seite allmähliche Überwindung alles direkt un-
sittlichen in den religiösen Handlungen, der Verstümmelungen,
der Prostitution. des Brutalen, Wirren, Ekstatischen, Selbst-
mörderischen, Widernatürlichen usw. unter dem Einflusse des
Glaubens an den Gott, dem man damit dienen will, dessen die
Erde ist und ihre Fülle. Und auf der anderen Seite das immer
wachsende Bewußtsein. daß auch alle diese Handlungen nur
Symbole, Zeichen (vgl. Genesis 17, 11) sind und sein sollen für
eine höhere Religion, die Hingabe und Weihung. das Loben,
Danken und Anrufen des Herzens. Es mag genügen, hinzu-
weisen · auf die Verwertung der Beschneidung bei Jer. 4, 4;
6, 10; 9, 25 und Ezechiel 44, 9, die Rede über das Fasten
Sach. 8. die Bilder von Reinigung und Waschungen Jes. 1, 16;
Psalm 51, 9 usw. Daß das Gebet und das Anrufen Gottes,
durchschnittlich in allen altorientalischen Religionen ein zauber-
ähnliches Formelsprechen. sich in der alttestamentlichen Religion
wie sonst nirgends in vorchristlichen Religionen zu einem innigen
Gespräch von Person zu Person entwickelt hat, werden wir näher
in V. sehen. Daß auch auf allen diesen Gebieten immer wieder
Rückfälle einzelner wie ganzer Volksschichten zu den alten
naturalistischen Vorstellungen stattgefunden haben, kann natürlich nicht geleugnet werden, aber das höhere Prinzip macht
sich immer und immer wieder bemerkbar, bis es im Evangelium
die alten Schalen ganz abgeworfen und triumphiert hat.

Wir haben das weitverzweigte Gebiet des Kultus flüchtig
an unseren Augen vorüberziehen lassen und im Grunde überall
dasselbe beobachtet: der alttestamentliche Kult ist alles andere
eher als eine absolute Neuschöpfung. Vielmehr ist es so, daß
in den ganzen Umfang altorientalischer kultischer Gebräuche
seit des Mose Tagen etwas Neues hineingetreten ist, ein neues
Prinzip, der neue Gottesglaube. Dieser hat einiges sogleich,

anderes später, einiges in allmählicher Entwicklung, anderes in bewußtem Kampfe, einiges sich amalgamierend, anderes ausschließend das ganze kultische Gebiet umgestaltet, demselben ein einzigartiges Gepräge gegeben. Und wenn auch der alttestamentliche Kult in praxi nie ganz von dem Boden seiner Herkunft losgelöst ist, so war doch in ihm und nur in ihm schließlich die Stätte bereitet für einen Dienst Gottes im Geist und in der Wahrheit, mit dessen Eintritt freilich ein letztes, vielleicht besonders schmerzhaftes Abstoßen der altorientalischen Hülle verbunden sein mußte.

II. Sitte, Moral und Recht.

Wir kommen zu den Formen des menschlichen Gemeinschaftslebens. Daß dieselben nicht von vornhein in jeder Beziehung durch Mose neu festgelegt sind, hat man schon lange aus dem Alten Testament selbst geschlossen. Ganz abgesehen davon, daß man die Entstehung eines großen Teiles der Gesetze, die sie regeln, mit Bestimmtheit erst in einer späteren Zeit nachweisen konnte, zeigen die ältesten geschichtlichen Quellen, daß Israel in den ersten Jahrhunderten selbst seine Sitte nicht als etwas von einer bestimmten Persönlichkeit neu Geschaffenes, sondern einfach als etwas Vorhandenes ansah „so tut man nicht in Israel" (2. Sam. 13, 12), wie auch andrerseits in schwierigen Einzelfällen die Ältesten, Volksleiter und Könige immer neue Aufschlüsse geben konnten, ohne durch ein schriftliches Gesetz normiert zu sein (vgl. Jos. 24, 25; 2. Sam. 20, 18. 19 LXX; 1. Sam. 30, 25). Daher war es nur natürlich, daß besonders Smith und Wellhausen eine große Verwandtschaft dieser altisraelitischen Sitte in bezug auf die Ehe, die Familie, die Stammesgemeinschaft, die Blutrache usw. mit der altarabischen konstatieren konnten.

Und doch war von besonnener theologischer Seite stets auch daran festgehalten, daß neben einer solchen im Volke lebenden, von Generation zu Generation weitergegebenen Sitte sehr wohl seit des Mose Tagen ein fixiertes Recht könnte bestanden haben, zwar nicht abgeschlossen, sondern entwicklungsfähig, ein Recht, das innerhalb der Priesterschaft an den Heiligtümern gewahrt und gepflegt, von dem Volke als ein göttliches Recht respektiert und in allen schwierigeren Fällen in Anspruch genommen wurde (vgl. Deut. 33, 8 ff.; Exod. 18, 18 ff.), ein Recht, welches, je straffer das israelitische Staatswesen organisiert wurde, zu immer allgemeinerem Ansehen und Brauch kommen mußte. Jeder, der einmal beobachtet hat, ein welch starker Faktor die uralte Volkssitte trotz jahrhundertelanger staatlicher und kirchlicher Organisation auch noch bei unserer Land- und mehr noch Bergbevölkerung ist, wird dies Nebeneinander verstehen. Und daher haben sich eine ganze Reihe von Forschern auch durch keine noch so anspruchsvoll auftretende Literarkritik daran irre machen lassen, daß der Dekalog von Exod. 20 und das sog. Bundesbuch 21—23 in ihrer Grundgestalt direkt auf Mose zurückzuführen seien.

Diese Auffassung hat nun eine ganz unerwartete Bestätigung durch die Auffindung des sog. Hammurabikodex in Susa gefunden. Derselbe ergab nicht nur, daß man zur Zeit dieses Königs in Babylon, mindestens 500 Jahre vor Mose, bereits ein minutiös ausgebildetes Zivilgesetz besessen, sondern auch, daß dieses mit jenem eine ganze Reihe von Berührungen und Verwandtschaften aufwies, die nicht zufällig sein konnten. Eine detaillierte Vergleichung ergab nun, daß jene Verwandtschaft sich vielfach sogar bis auf die Anordnung des Stoffes erstrecke, daß aber daneben doch wieder einige starke Differenzen vorlägen, die es unmöglich machten anzunehmen, das Bundesbuch habe unmittelbar aus dem Kodex Hammurabi geschöpft, vielmehr darauf hinführten, ein gemeinsamer Archetypus, der wahrscheinlich in Babylon seinen Ursprung habe, liege beiden zugrunde.

Nun aber stellte sich weiter zur größten Überraschung heraus, daß die Erzählungen von den Patriarchen hier und da Verhältnisse voraussetzten, die dem Hammurabikodex nicht aber dem Bundesbuche oder Deuteronomium entsprachen (in bezug auf die Adoption, Verhältnis der Gattin zur Sklavin sowie deren Kinder zueinander, u. a. vgl. D. H. Müller, „Die Gesetze H.s", S. 139—141. 145 f.), und damit wurde die Folgerung unausweichlich, daß jenes Recht bereits mit den Vätern aus dem Zweistromlande nach Palästina gewandert, von Mose aber am Sinai oder in Qadesch neu bearbeitet sei. Der landläufige, zum Überdruß gehörte Einwand gegen mosaische Herkunft von Dekalog und Bundesbuch, dieselben setzten ein ansässiges, kein nomadisierendes Volk voraus, erledigt sich einfach dadurch, daß die israelitischen Stämme, ehe sie in Kanaan einrückten, überhaupt keine Beduinen waren, als welche sie die Wellhausensche Schule ohne jeden Anhalt immer und immer wieder gezeichnet hat, sondern Halbnomaden, d. h. Herdenbesitzer, die auch den Acker bereits bald hier bald dort bestellten, bei denen die Tendenz zu immer größerer Seßhaftigkeit bereits vorlag und die bereits im nördlichen Arabien bis hin an die Grenze Palästinas in Beziehung zu festen Heiligtümern standen, an denen sich natürlich organisierte Priesterschaften befanden. Das hat nach meinem Dafürhalten besonders Winckler ein für allemal bewiesen. Doch noch auf einen anderen manchen vielleicht noch unverdächtigeren Zeugen will ich hinweisen. Ed. Meyer sagt in seinem neuen Buche über die Israeliten (S. 98), daß man jetzt den berechtigten Kern in der Ansicht der Gegner der kritischen Auffassung der israelitischen Geschichte erkennen könne, die Traditionen aus der Wüstenzeit seien tatsächlich lange vorprophetisch und wurzelten in den uralten, den einfachen Verhältnissen und Anschauungen eines Wüstenstammes entsprechenden politisch-religiösen Organisationen von Qadesch. So urteilt jetzt der einstige Bundesgenosse Stades.

Ich glaube, es wäre danach wirklich an der Zeit, die Herrn aus der Wellhausenschen Schule revidierten endlich einmal ihre alten Hefte und Lehrbücher und nähmen den Satz auf: gegen die mosaische Herkunft von Dekalog und Bundesbuch ist ein vernünftiger Grund nicht erfindbar. Daß hingegen die beiden andern Gesetzeskorpora Israels, das Deuteronomium und der Priesterkodex, so gewiß sie auch manches altisraelitische Material enthalten, doch in der Form, in der sie uns jetzt vorliegen, erst in einer viel späteren Zeit redigiert sind, ersteres wahrscheinlich in der ersten Hälfte des 7. und letzteres in der des 5. Jahrhunderts, das dürfte zurzeit überwiegend anerkannt sein.

Nachdem wir uns so über die äußere Entstehung der alt-

testamentlichen Gesetzeskorpora orientiert haben, ist die Frage
nach dem Verhältnis des israelitischen Rechts zu dem sonstiger
altorientalischer Völker eigentlich auch schon beantwortet. Wir
sehen, es ist unmöglich die Sache so aufzufassen, als habe Mose
seinem Volke ein absolut neues Recht gegeben. Im Gegenteil,
er hat an ein altes, schon seit Jahrhunderten bestehendes altorientalisches Recht angeknüpft, aber dasselbe im Sinne und
Geiste seines Gottesglaubens wiedergeboren. Und ebenso hat
man später in Kanaan, wo man überall in den Städten auch bereits ein altorientalisches Recht antraf, in Verhältnissen, für die
das alte Bundesbuch der Priester nicht mehr ausreichte, auch
von jenem Rechte herübergenommen, was sich bewährte, dem
Sinne und Geiste der mosaischen Religion Widersprechendes
zurückstoßend (vgl. Jes. 10, 1 ff.), anderes positiv weiterbildend
(vgl. Hos. 8, 12), so daß, als durch die Einführung des Deuteronomiums die Entwicklung zu einem vorläufigen Abschluß gebracht war, das Volk mit Recht gefragt werden konnte: wo
gäbe es ein Volk, das ein Gesetz hat wie du?

Versuchen wir uns das noch etwas mehr im einzelnen klar-
zumachen. Wir sehen zuerst auf die prinzipielle Festlegung der
ganzen Sitte im Dekalog. Ich weiß nicht, ob man je einmal
so naiv gewesen ist anzunehmen, daß ein Gebot wie das: du
sollst nicht töten, überhaupt das fünfte bis neunte, zum ersten
Male von Mose proklamiert seien. Jedenfalls wäre ja eine solche
Annahme längst durch ägyptische Dokumente und nun neuerdings durch die babylonischen Beschwörungstexte, den Kodex
Hammurabi usw. ein für allemal widerlegt. Ohne sie ist ein
menschliches Gemeinschaftsleben überhaupt unmöglich. Nicht
in einer solchen Priorität der einzelnen sittlichen Gebote beruht
also die einzigartige Bedeutung des Dekalogs, sie hat vielmehr
sicher Mose auch in seinen Stämmen bereits vorgefunden, wie
das am evidentesten übrigens beim kultischen Sabbatgebot ist.

Die einzigartige Bedeutung beruht vielmehr darin, daß hier
und nur hier jene sittlichen Gebote gegründet werden auf das
erste und zweite, die Gebote der Verehrung des einen unsicht-
baren Volksgottes und in eine Reihe gestellt werden mit dem
religiösen dritten und vierten Gebote. Dadurch ist mit einer

Energie, wie wir sie bei keinem anderen altorientalischen Volke beobachten können, das ganze menschliche Gemeinschaftsleben unter die Norm des einheitlichen göttlichen Willens gestellt, dadurch erhalten die einzelnen sittlichen Gebote eine ganz neue Bedeutung: ihre Verletzung ist Verletzung des Einen heiligen Willens, der Grundlage des ganzen Volkslebens, ihre Befolgung Betätigung der göttlichen Gerechtigkeit, Liebe und Milde (vgl. Exod. 20, 10—12). Daher aber dürfen wir uns auch nicht wundern, wenn wenigstens ein sittliches Gebot hier auftaucht, zu dem tatsächlich der Hammurabikodex keine Parallele bietet, das Verbot der Begierde nach des Nächsten Haus usw. (zu dem ganz verfehlten Versuche von Delitzsch, eine solche hier doch zu finden, vgl. meine Broschüre „Der Ertrag der Ausgrabungen", S. 42f.).

Ähnlich steht es mit dem Bundesbuche. Hier sind, wie wir sahen, die Berührungen mit dem C. H. die denkbar größten. Es ist auch gar nicht zu leugnen, daß dieser in vielen Punkten jenem voraus ist, wie wir denn überhaupt staunend stehen müssen vor einer so vorgeschrittenen detaillierten Rechtsausbildung am Ausgange des dritten vorchristlichen Jahrtausends. In erster Linie denke ich an die Untersagung der Blutrache. Wir müssen im Auge behalten, daß es sich in Babylon um ein seit Jahrhunderten organisiertes Staatswesen handelt, mit einer ausgebildeten Staatsgewalt, die den Mörder zu erreichen wußte. Solche und ähnliche Gebote aber mußten für Mose von selbst in Wegfall kommen, hier mußte er einfach noch die alte Stammessitte gelten lassen, konnte sie nur mildern durch Anordnung einer Zufluchtsstätte für den Totschläger (vgl. Exod. 21, 13), und die Sitte durch das göttliche „du sollst nicht töten" zu neutralisieren suchen. Ein ähnliches Verhältnis der sozialen Überlegenheit verrät sich in den Bestimmungen zum Schutze des Eigentums usw.

Aber in anderer Richtung können wir auch hier beobachten, wie Mose das alte Recht zu etwas vollständig Neuem umgestaltet hat. Zunächst eben auch dadurch, daß er es als Ausdruck eines das ganze Volksleben regelnden göttlichen Willens auffaßte. Auch Hammurabis Gesetz wird auf göttlichen

Willen, auf den des Schamasch zurückgeführt, aber über seiner Durchführung müssen neben der Staatsgewalt so und so viele Götter wachen, beim Bundesbuch bedeutet der eine göttliche Wille alles. Der H. C. faßt ausschließlich das bürgerliche Leben ins Auge, natürlich hat es daneben andere das religiöse Leben ordnende Gesetze gegeben; aber im Bundesbuche wird beides zu einem vereint und damit dem sozialen Leben eine ganz andere religiöse Wertung, dem religiösen eine sittliche Bedeutung zuerkannt.

Zum anderen aber hat auch hier der neue Gottesglaube des Mose auf einzelne Rechtsgebiete direkt umgestaltend gewirkt. Einzelne Strafen und Härten des H. C. sind gemildert oder ganz verschwunden (Abschneiden des Ohres beim Sklaven, der Brüste der Amme usw.), in Babylon legalisierte Unsittlichkeiten sind abgestoßen (Kedeschen. Zauberei). Daneben aber erstehen hier auch neue Gebote, Gebote der Liebe und Humanität, die wunderbar milden Gesetze zum Schutze der Waisen, Witwen, Fremdlinge und Verarmten (Ex. 22, 22—26; 23, 1—12), Gebote, die sogar schon auf die neutestamentliche Feindesliebe hinstreben: „Wenn du Rind oder Esel deines Feindes herumirrend triffst, so sollst du es ihm zurückgeben“ (23, 4). Auch Hammurabi bezeichnet im Epilog als Zweck seiner Gesetzgebung den Schutz des Schwachen dem Starken gegenüber, die Sicherung von Witwen und Waisen, aber man findet im Kodex doch kaum Ansätze von Parallelen zu jenen Geboten, etwa N. 115f. das Gesetz zum Schutze des in Schuldhaft Befindlichen oder N. 48, den Erlaß der Zinsen einer Darlehnsschuld im Jahre der Mißernte. Kein vernünftiger Mensch wird leugnen, daß auch in Babylon und in Ägypten Erbarmen und Milde hoch gewertet, auch auf göttlichen Willen zurückgeführt sind, die Fragen in den babylonischen Beschwörungstexten sowohl wie die ägyptischen Grabinschriften und das Totenbuch (besonders Kap. 125) liefern dafür herrliche Belege. Aber man bleibe bei der Sache, wir handeln hier vom Rechte selbst, und man weise also aus einem altorientalischen Gesetzeskorpus nach, daß, wie im mosaischen die Humanität und das Verzichten auf das Recht in Einzelfällen genau so als Forderung des göttlichen Willens hingestellt ist, wie das Pochen auf dasselbe. Man kann mit einer Formel das so ausdrücken, daß schon in diesem ältesten Gesetze Recht und Moral untrennbar verbunden sind, und diese Verbindung gibt dem Bundesbuche ein einfach einzigartig dastehendes Gepräge. Es heißt doch wirklich nur die ganze Frage zurückschieben, wenn Benzinger in seiner soeben neu aufgelegten hebräischen Archäologie S. 268 f. sagt, ein solcher Vergleich sei überhaupt unstatthaft, man verwechsle dabei Recht und Thora, und dürfe dem C. H. nur die Rechtssatzungen des Bundesbuches gegenüberstellen. Wir fragen daraufhin einfach: wie kommt es also, daß im C. H. neben dem Recht keine Thora, im Bundesbuche aber beides engstens verbunden nebeneinandersteht? Das gerade ist der unerreichte sittlich-religiöse Vorsprung dieses.[1]

Das Deuteronomium, zu dessen Auffindung im Tempel in Josuas Tagen, nebenbei bemerkt, kürzlich eine ganz auffallende Parallele in Denderah in Ägypten nachgewiesen ist: Thutmes III. soll „die große Regel", d. i. das Kultusgesetz des Heiligtums beim Umbau in einer Ziegelmauer gefunden haben, ist auf jener Bahn noch weiter gegangen. Von welcher einzigartigen Humanität zeugen besonders 24, 14—22. Hier wird sogar in V. 16 ein altbabylonischer Rechtssatz mit Bewußtsein in sein Gegenteil verkehrt und damit überhaupt erst der rechtliche Schutz des Individuums hergestellt: ein jeder soll nur für seine Sünde getötet werden. Aber überhaupt die sämtlichen Schutzgesetze für das Weib, den Fremdling, die Witwen und Waisen, ja für die Vögel und Tiere kommen hier in Betracht (vgl. 15, 7 ff.; 21, 10—14, 15 ff.; 22, 13 ff.; 23, 16; 24, 1—4, 6 ff.; 25, 4).

Freilich, die Kehrseite ist ja auch bekannt und unleugbar: der Bann an allem Kananitischen wird hier noch durchaus religiös geweiht (vgl. 7, 2; 13, 16; 20, 17 usw.), durch Bestimmungen, die uns heutzutage direkt brutal anmuten, soll die Durchführung

---

[1] Man kann sich jetzt kaum noch eines Lächelns erwehren, wenn man bei Smend, Alttest. Religionsgesch., S. 162 die weisen Worte liest: „Übrigens wurde der Unterschied von Recht und Moral auf der einen und von Kultus und Ritus auf der anderen Seite in Israel wie überhaupt bei den antiken Völkern kaum empfunden." Ein antikes Volk waren die Babylonier um 2000 ja sozusagen auch.

dieser Gesetze im Volke durchgesetzt werden; die Ausrottung aus dem Volke, die Todesstrafe ist ungeheuer weit ausgedehnt (vgl. 21, 1—9. 18—21; 22, 20—24; 24, 4 usw.). Aber darin kommen gerade unüberwundene altorientalische Anschauungen von der Verbindung einer menschlichen Gemeinschaft mit ihrem Gott, von Weihung und Tabu zum Ausdruck. Im C. H. steht auf 34 Vergehen die Todesstrafe. Auch über das Verfahren der Babylonier, Araber und Moabiter mit eroberten Ländern sind wir jetzt einigermaßen orientiert; sachlich ist der „Bann" überall der gleiche gewesen (vgl. Jeremias S. 491, Z. d. M. G. 36 S. 297, Smith S. 118, Mescha Z. 17).

Aber diesem unüberwundenen Reste gegenüber, der uns allerdings die Beschränktheit der alttestamentlichen Religion zeigt, verlangt die geschichtliche Gerechtigkeit, daß immer wieder darauf hingewiesen werde, wie das Deuteronomium das einzige altorientalische Gesetz ist, das die Befolgung jener einzigartigen humanen Gebote auf das Vertrauen und die Liebe zur Gottheit gründet (vgl. 7, 17 ff.; 8, 3; 9, 23), das einzige, das eine Liebe Gottes von ganzem Herzen, ganzem Willen und ganzer Seele verlangt (4, 27—40; 5, 5 usw.), das einzige, das sich dessen bewußt ist, wie das ganze als Wille Gottes aufgefaßte Recht im Herzen getragen werden müßte (6, 6 ff.; 10, 16; 30, 6 usw.). Mögen also einzelne Bestimmungen des Deuteronomiums, die in humanster Absicht gegeben sind, praktisch geradezu undurchführbar sein, mögen die Mittel, die heilige Gemeinde praktisch herzustellen, noch ganz aus dem altorientalischen Geiste stammen. mag der Versuch, durch ein Gesetz die Religion zu fundieren, vom Standpunkte des Evangeliums aus überhaupt ein Widerspruch in sich selbst sein. Tatsache bleibt, daß wir hier das Wogen und Walten eines ganz neuen Geistes beobachten können, sein Ringen, Gestalt zu gewinnen in den alten rechtlichen Formen, sie sich dienstbar zu machen, ein Geist, der freilich schließlich zur Sprengung dieses Rechts überhaupt führen mußte, damit die Religion rückhaltlos Raum gewinne.

Vom Priesterkodex endlich haben wir hier kaum zu handeln. derselbe setzt als bürgerliches Gesetz Bundesbuch und Deuteronomium ohne weiteres voraus. ergänzt sie nur in einigen

Punkten, auf der humanen Basis noch weiter gehend. Ganz überwiegend ist er ja Kultusgesetz und der umfassendste Versuch, das alte überkommene Gut an kultischen und rituellen Gewohnheiten der Jahwereligion zu amalgamieren bzw. dasselbe neu zu gestalten. Aber das muß betont werden, daß, so gewiß den Verfassern Kultus und Riten das Wichtigste waren, worin eben die große Gefahr für die Weiterentwicklung beruhte, der das pharisäische Judentum zum Opfer gefallen ist, so doch gerade in diesem Gesetze das ganze Leben mit Einschluß des bürgerlichen unter einen einheitlichen Gesichtspunkt gestellt, das ganze Recht gewissermaßen auf eine Formel gebracht wird: ein heiliges Volk gilt es zu erziehen (vgl. Lev. 11, 44 f.; 20, 7, 26; 21, 8, besonders aber 19, 2, auch Exod. 19, 6). Es würde uns viel zu weit führen, nun auf die Einzelgebiete des sittlichen Lebens, die Ehe, Stellung der Kinder, der Sklaven, die soziale Frage usw. einzugehen. Tatsächlich ist auch hier überall bald schneller bald allmählich zwar nie und nirgends schon ein Vollkommenes, aber doch ein Neues entstanden, wie uns nicht zum mindesten auch die Proverbien zeigen. Und so läßt sich, wenn wir die ganze Entwicklung überschauen, sagen, daß von Mose bis Esra ein gewaltiger Prozeß vor uns liegt, das altorientalische Recht wiederzugebären durch den Glauben an den Einen heiligen Gott.

Und doch stehen wir damit noch nicht ganz am Ende. Wir haben bis jetzt nur die äußere Entwicklung des Rechts verfolgt, wie es uns in den alttestamentlichen Rechtsurkunden vorliegt. Wieweit dieselben in praxi beobachtet sind, entzieht sich natürlich vielfach unserer Kenntnis. Aber, daß in allgemein orientalischer Weise die Bestechlichkeit der Beamten bzw. Priester, besonders seit Beginn der Königszeit die ganze Rechtsprechung lahmgelegt hat, wissen wir authentisch. Nun aber muß daran erinnert werden, daß wirklich im israelitischen Volksleben, nachweisbar seitdem Nathan vor König David stand, von einer fortlaufenden Reihe von Männern, die alles andere eher als berufsmäßig dazu verpflichtet waren, das Recht und die Moral als göttlicher Wille verfochten wurde, Männer, die die ganze Wucht ihrer Persönlichkeit dafür einsetzten, die Propheten. Zu diesen

nur von ihrem Gott berufenen Vertretern des Rechts kennen
wir Parallelen bei den anderen Völkern nicht. Man hat sie
das stets lebendige Gewissen des Volkes genannt. Merkwürdig,
daß nur Israels Psyche mit einem so feinen Gewissen aus-
gestattet gewesen sein sollte. Wir kommen darauf später zurück.

Genug, daß von den Tagen eines Samuel und Nathan bis
zu denen eines Maleachi immer und immer wieder sich Männer
in Israel gefunden haben, die für das Recht als göttlichen
Willen den Mächtigsten wie Niedrigsten gegenüber eintraten,
die geradezu Recht und Moral als das Zentrum jenes, die Betätigung derselben als die wahre Religiosität proklamierten
(vgl. Amos 5, 15, 21 ff.; Hos. 6, 6; Jes. 1, 11—17; Micha 6, 8;
Jer. 7, 21 ff. usw.). Hat Babyloniens oder Ägyptens reiche Literatur
dem etwas an die Seite zu setzen? Sollte also nicht auch hier
die Sache so liegen, daß ein einzigartiger Faktor, der Glaube an
den Gott, der zugleich der gerechte und der barmherzige sei
(vgl. 1. Sam. 20, 14; 2. Sam. 2, 5; 9, 3), in Israel umgestaltend
auf das altorientalische Recht und Rechtsbewußtsein gewirkt,
die innige Vereinigung von Recht und Moral herbeigeführt und
damit auch die Liebe und Barmherzigkeit als die Krone alles
gottgewollten Rechts herausgestellt hat?

III. Welt- und Naturbetrachtung.

Die alttestamentliche Welt- und Naturbetrachtung tritt uns
am vollständigsten und geschlossensten Gen. 1 entgegen. Von
diesem Kapitel ist daher auszugehen, auch wenn es in der
jetzigen Form erst in die erste nachexilische Zeit gehört. Spuren
desselben Stoffes lassen sich sicher schon in vorexilischen Schriften
nachweisen. Im übrigen ist die Frage des allmählichen Entstehens des bzw. der biblischen Schöpfungsberichte für uns hier
nebensächlich, da wir zwecks Vergleichung die Weltbetrachtung
als ein Ganzes fassen, unbeschadet dessen, daß sie natürlich in
den einzelnen Völkern ihre Geschichte mit verschiedenen Höhen-
lagen gehabt hat. Daß wir nun ein vorzügliches Material, die
Gemeinsamkeit der altorientalischen und zugleich die Eigenart
der alttestamentlichen Welt- und Naturbetrachtung herauszu-

stellen, durch die babylonische Literatur erhalten haben, ist wohl so bekannt und anläßlich des Babel-Bibelstreites so oft verhandelt, daß ich mich über diesen Punkt ganz kurz fassen kann.

Daß der biblische Schöpfungsbericht keine erstmalige Konzeption ist, sondern eine lange Vorgeschichte hat, die auf einen engen Zusammenhang mit den altorientalischen Schöpfungsmythen hinweist, das folgert man jetzt mit beinahe vollständiger Übereinstimmung besonders aus folgenden Punkten: a) im biblischen Bericht wie in der babylonischen Schöpfungslegende Enuma eliš steht im Beginne der Schöpfung das Urmeer, welches in zwei Hälften, eine obere und eine untere geteilt wird, und zwischen beiden die Feste. Jenes heißt nun im Hebräischen תְּהוֹם, das offenbar im Zusammenhang mit dem babylonischen tiâmat bzw. tamtu steht. b) Die Bezeichnung der Gestirne als der Beherrscher von Tag und Nacht (V. 14) weist auf die altorientalische Gestirnvergötterung zurück. c) Das „lasset uns Menschen machen" könnte Nachwirkung einer polytheistischen Grundlage sein. d) Vor allem verraten dichterische Anspielungen, nämlich Jes. 51, 9; Hiob 9, 13; 26, 12 f.; Ps. 74, 13 f.; 89, 11; Jes. 24, 21 ff.; 27, 1, wie vertraut Israel die Erzählung von dem Kampfe der Gottheit mit dem Ungeheuer in der Urzeit, wie ihn Enuma eliš in extenso erzählt, gewesen ist. Diesen Drachenkampf kennt genau so Ägypten, das ihn auf Ammon von Theben überträgt. In der phönizischen Kosmologie des Philo von Byblos erinnern das Brüten des Geistes, die Baau, eventuell auch das Urei an die biblische.

Daß ein Zusammenhang vorliegt, ist unzweifelhaft. Wie man ihn sich vorzustellen hat, wird bis auf weiteres natürlich hypothetisch bleiben. In meiner „Biblischen Urgeschichte" habe ich mich im Anschluß an Gunkel für literarischen Zusammenhang entschieden, und im Hinblick auf den Adapamythus unter den Tell-Amarnatafeln wird man mit der Möglichkeit eines solchen natürlich immer rechnen müssen. Die babylonische Schöpfungslegende wäre dann entweder schon mit den Abrahamiden nach Palästina gekommen oder durch die Kananiter hier den Israeliten bekannt geworden und in beiden Fällen in jahrhundertelanger Geschichte allmählich umgebildet. Aber die

vielen sonstigen gelegentlichen Anspielungen im Alten Testament
auf das altorientalische Weltbild machen es allerdings wahrscheinlicher, daß dasselbe als Produkt uralter babylonischer
Wissenschaft im ganzen alten Orient lebte, und daß auf Grund
desselben die Entstehung des Weltalls von den einzelnen Völkern
in ihrer Weise und je nach ihren religiösen Vorstellungen aus-
gestaltet wurde. Dafür spricht auch der Umstand, daß in Babylon
selbst verschiedene Darstellungen existierten. Doch sei dem,
wie ihm wolle, auf jeden Fall liegt eine und dieselbe altorientalische Welt- und Naturbetrachtung allen orientalischen Schöpfungsmythen, -legenden, -erzählungen zugrunde.

Doch je mehr wir das rückhaltlos zugeben, um so mehr fällt
uns nun der Abgrund auf, der den alttestamentlichen Bericht
von dem babylonischen trennt. Die ganze Theogonie im Anfange ist verschwunden, die Tiamat ist ein bewußtloses Chaos
geworden, den grausigen Kampf der Gottheit mit ihr sucht man
ebenfalls vergebens. „Der Eine, allmächtige Gott spricht, da
entsteht Licht, da spalten sich die Wasser usw. Geordnet und
gut geht alles aus seiner Hand hervor, stufenweise fortschreitend
bis hin auf den Menschen, der nach Gottes Bilde geschaffen, d. h.
zum Beherrscher der Erde, zum Schöpfer der Kultur. Und dann
als Schluß des Ganzen ein Sabbat, die Ruhe nach der Arbeit,
dem Menschen das Unterpfand, daß auch ihm die Ruhe nach der
Arbeit winkt, daß ihm das Recht darauf durch Gott garantiert
ist" (vgl. Bibl. Urgeschichte S. 37). Und das alles wird uns
hier erzählt in einer Sprache, die zu allen Zeiten und von allen
Völkern verstanden wird, nicht in abstrakten Lehrsätzen, nicht
als Wissenschaft und nicht in der Form mythologischer Natur-
vergötterung, sondern in der Universalsprache der naiven Weltbetrachtung (vgl. Bachmann, N.K.Z. 1906 S. 403). Fürwahr, in
bezug auf ihren religiösen Wert sind biblischer und babylonischer
Bericht überhaupt inkommensurable Größen.

Neuerdings hat nun Winckler die Aufstellung dieses Ver-
gleiches überhaupt für unberechtigt und ein Messen mit ver-
schiedenem Maßstabe erklärt. Den biblischen Schöpfungsbericht
dürfe man nicht mit der babylonischen mythologischen Schöpfungslegende Enuma eliš, sondern müsse man mit dem lehrhaften

babylonischen Schöpfungsbericht zusammenstellen, der auch von
der Theogonie sowie dem Kampf mit der Tiamat ganz schweige.
Aber, ganz abgesehen davon, daß auch dieser Bericht durch das
Fehlen jeder Teleologie unendlich weit hinter dem von Gen. 1
zurücksteht, gerade diese Zusammenstellung wäre gewiß unberechtigt; in dem lehrhaften babylonischen Bericht handelt es sich
überhaupt nicht wie in Gen. 1 um die Schöpfung des Alls, sondern
nur die des Landes mit den altbabylonischen Kultstätten (so auch
Jeremias S. 131), äußerlich erinnert er vielmehr an den von Gen. 2,
4 ff., der freilich aller Wahrscheinlichkeit nach doch nicht auf ihn
zurückzuführen ist. Kurzum, mit vollem Rechte wird man sagen
können, daß gerade schon eine Vergleichung der Schöpfungsberichte uns zeigt, wie von Hause aus Natur- und Weltbetrachtung in Israel zwar dieselbe war wie im ganzen alten Orient,
wie aber hier durch den Glauben an den einen Gott ein vollständig Neues entstand, die Auffassung eines einheitlichen Alls,
das, von einem über ihm stehenden Gott erschaffen, nicht mehr
ein Spielball verschiedener sich widerstreitender Kräfte, sondern
nur von seinem Willen beherrscht ist, einzig und allein seinen
Zwecken dient und seine Allmacht und Herrlichkeit verkündet.

Und ganz dasselbe können wir beobachten, wenn wir die
Welt- und Naturbetrachtung, wie sie uns im ganzen Alten
Testament verstreut entgegentritt, mit der altorientalischen vergleichen. Daß jene einmal von dieser ausgegangen, bestätigen
unzählige Anspielungen, von denen hier nur einige wenige heraus-
gegriffen sein sollen. Richt. 5, 20: „Vom Himmel her kämpften
die Sterne, die Sterne kämpften von ihren Pfaden mit Sisera“;
mag man bei dieser gewöhnlichen Deutung bleiben oder kühner
mit Winckler übersetzen: „Vom Himmel her kämpften die Sterne,
von ihren Standorten kämpfte das Volk Siseras“, es ist die altorientalische Auffassung von den lebenden Tierkreisbildern, die
uns hier entgegentritt. Nachwirkungen derselben treten uns
ebenfalls Jes. 24, 21 ff.; 40, 26; Deut. 4, 19; Hiob 38, 7 entgegen. Der feurige Wagen und die Rosse, die den Elias gen
Himmel holen (2. Kön. 2, 11), die den Elisa umgeben (6, 17), die
Sonnenrosse und -wagen im Tempel (23, 11), ja, der nie ganz in
Israel ausgestorbene (vgl. Amos 5, 26), besonders aber durch

Manasse auch in Juda eingebürgerte Gestirndienst zeigen, daß die altorientalische Weltanschauung unausgesetzt als Nebenton in Israels Bewußtsein nachgezittert hat. Die Bezeichnung des Orion als des „Toren“ (Am. 5, 8; Hiob 9, 9 usw.) involviert einen ganzen Mythus, freilich, wie es scheint, gerade keinen babylonischen, in der Schilderung der Sonne (Psalm 19, 6) klingt ein solcher nach. Jes. 14, 12 wird direkt auf einen solchen vom Morgenstern angespielt.

Die Dreiteilung des Alls in Himmel, Erde und Tehom, die uns Ex. 20, 4; Deut. 33, 15 ff. Ps. 135, 6 entgegentritt, ist der altorientalischen Wissenschaft entnommen (vgl. auch Ps. 24, 2; Gen. 49, 25); in der רָקִיעַ ist vielleicht an einigen Stellen des Alten Testaments der Tierkreis wiederzufinden (vgl. Jeremias S. 164. 174, dagegen König, „Altoriental. Weltanschaung und A. T. S. 11 ff.). Die Vorstellungen von den vier Weltecken (vgl. Ez. 1), vom Götterberg im höchsten Norden (vgl. Jes. 14. 13; Ez. 28, 14; Ps. 48, 3), vom zweigipfligen Weltberge (vgl. Sach. 6, 1 ff.), vom Weltmittelpunkt (vgl. Ez. 5, 5; 38, 12), von den Säulen des Himmels und der Erde (Hiob 9, 6; 26, 11), das alles entstammt natürlich ebenfalls jener (vgl. Jeremias S. 25. 582 usw.). Daß die Symbolik in den Heiligtümern noch von der altorientalischen Weltanschauung beherrscht war, haben wir bereits in I gesehen. Die Ausgrabungen in Palästina aber haben uns gelehrt, welche Rolle jene auch im Privatleben noch in israelitischer Zeit spielte; alle Amulette, Siegel usw. zierten Embleme, die vielleicht vielfach gar nicht mehr verstanden wurden, aber doch auf jene zurückwiesen (vgl. die Löwen, Steinböcke, Lebensbäume, Sterne, Augen, Rosetten, Sonnenkäfer, Möndchen als Ringe usw.), auch des Hohenpriester Josua bzw. Serubbabel Stein mit sieben Augen gehört hierher.

Nun ist aber in dies einst alle Vorstellungen beherrschende Weltbild ein neuer Faktor hineingetreten und dadurch ist es selbst ein vollständig neues geworden. Es hat einen wirklichen Mittelpunkt erhalten, ist infolgedessen in ganz neuer Weise zentralisiert und orientiert. „Die Fülle der ganzen Erde ist seine Ehre“ sagt Jes. 6, 3. Wie in der Darstellung von der Schöpfung alle anderen Mächte vor dem einen überweltlichen

Gott einfach verschwanden, so ist es nun auch in der ganzen
bestehenden Natur. Sie ist entgöttert, aber dafür ist sie nun
wirklich ein großer lebendig durchwalteter Organismus geworden.
Nicht mehr kehren mechanisch die Epochen und Perioden in
ewigem Wechsel in ihr wieder, nein, es sitzt jetzt einer auf dem
Throne, der dafür sorgt, daß hinfort keine Flut wieder über die
Erde geht, der diese ausschließlich nach seinen Heilsabsichten
lenkt (vgl. Ps. 29, 10 f.; Jes. 54, 9 f.; Gen. 8, 22; 9, 15 f.). Bäume
und Flüsse, Wasser und Erde, Donner und Blitz, stehen nur in
seinen Diensten, die Gestirne müssen seine Zwecke fördern. Sie
haben jede Selbständigkeit ihm gegenüber verloren, nur noch
einen Beruf: Zeugen seiner Herrlichkeit und Macht zu sein,
Prediger seiner Erhabenheit. Die Hymnen und sonstige Dich-
tungen, die das feiern (Hiob, Deuterojesaja), sind etwas vollständig Einzigartiges in der altorientalischen Literatur, auch in
dem schönsten, was sie wohl in dieser Richtung besitzt, in dem
Sonnenhymnus aus dem Kult Amenophis IV. (Erman S. 67—69),
macht sich doch nur ein Ahnen des überweltlichen Gottes bemerkbar und trotz all seiner Schönheit reicht er nicht annähernd
an Ps. 8; 19 [a]; 104; Hiob 38—41 heran. Wenn auch vielfach
noch in Bildern und Formen der alten Weltanschauung geben
die alttestamentlichen Dichter doch eine vollständig neue: die
Anschauung von einem All, das von einem hinter und über ihr
stehenden einheitlichen Willen gelenkt wird, der alle Äonen und
Weltzeitalter überdauert (vgl. Ps. 90, 1 ff.), das ein Abglanz
seiner Pracht und Herrlichkeit ist (19, 1 ff. usw.). Doch größer
noch ist der Gedanke, daß diese selbe Natur auch des Einen
Gottes Gnade und Barmherzigkeit verkündet, seine väterliche
Herablassung zu seinen Geschöpfen (Ps. 8; 104), daß denen, die
auf diesen Herrn trauen, die Natur eine gütige Mutter ist, die
sie mit allem versorgt, dessen sie bedürfen. Sogar das, was sie
an feindlichen Mächten enthält, Schlangen, Ottern und Drachen,
Pest und Tod, es vermag denen, die des Herrn sind, nicht mehr
zu schaden, wie so wunderbar schön der 91. Psalm schildert, ist
doch Gott nicht nur der Schöpfer des Lichts, sondern auch der
Finsternis (Jes. 45, 7), kommt doch auch jedes Unheil aus seiner
Hand (Amos 3, 6).

Ich denke, man kann und muß sagen: die altorientalische
Weltanschauung ist allerdings auch der Ausgangspunkt der alttestamentlichen gewesen, aber sie ist vollständig überwunden,
nur Farben, Formen und Symbole gibt sie schließlich noch den
alttestamentlichen Dichtern her, die auf dem Boden einer neuen,
jahwezentrischen Weltanschauung stehen.

IV. Die Geschichtsbetrachtung.

Stolz fragt der jüdische Geschichtsschreiber: „Hat je ein Volk
die Stimme Gottes aus dem Feuer reden gehört, wie du gehört
hast, und ist am Leben geblieben? Oder hat je ein Gott versucht, zu kommen, sich ein Volk mitten aus den Völkern zu
nehmen durch Versuchungen, Zeichen, Wunder, Krieg, starke
Hand, ausgereckten Arm und große Schrecknisse, wie alles, was
euch Jahwe, euer Gott, in Ägypten vor deinen Augen getan
hat?" Darin tritt uns das Bewußtsein des Volkes entgegen,
unter der unmittelbaren Leitung seines Gottes eine einzigartige
Geschichte durchlebt zu haben, ein Bewußtsein, von dem bekannt-
lich die alttestamentlichen Frommen zu allen Zeiten getragen
waren.

1. Daß nun aber auch ein solches Bewußtsein in einen
größeren altorientalischen Rahmen hineingehört, haben uns abermals die inschriftlichen Funde der letzten Jahrzehnte gelehrt.
Daß ein Volk in seinen Erlebnissen, glücklichen wie unglück-
lichen, die leitende, bald belohnende bald strafende bald freilich
auch neidisch oder willkürlich dreinfahrende, aber immerhin doch
wirkende Hand der Gottheit erblickt, das ist ja so ziemlich
allen Religionen gemeinsam.

a) Nun ist aber zunächst bei allen altorientalischen Religionen
in ganz spezieller Weise der Gedanke ausgeprägt, daß ein
Stamm, eine Stadt und auch ein ganzes Volk in einem besonders
nahen Verhältnis zu einem bestimmten Gott steht. Und dies
Verhältnis ist vielfach geschildert in Ausdrücken, die sich geradezu mit alttestamentlichen decken. Die Götter sind zunächst
die Herren (בַּעַל, אָדוֹן) oder auch die Könige (מֶלֶךְ) der betreffenden
Völker genau so wie Jahwe (vgl. Ex. 20, 2; Deut. 33, 5; Hos. 2, 18

usw.). Die Stamm- bzw. Volksangehörigen sind dann also seine Knechte, wie besonders die Eigennamen in sämtlichen semitischen Dialekten zeigen (vgl. Smith S. 148 f.). Die betreffenden Länder sind ihr Haus (vgl. Hos. 8, 1; 9, 3, 15). Aber die Götter sind auch die Väter des betreffenden Volkes, die Angehörigen desselben also ihre Söhne und Töchter (vgl. Hos. 11, 1; Mal. 2, 11; 3, 17; Deut. 14, 1; Num. 21, 29; Jer. 2, 27). Infolgedessen ist es denn kein Wunder, wenn Mescha geschichtliche Führungen seines Volkes in Ausdrücken schildert, die geradeso von Jahwe und Israel gebraucht sein könnten (vgl. Smith S. 41).

Die äußere Verwandtschaft in der Darstellung des Verhältnisses mit der alttestamentlichen ist hier eine so große, daß eine ganze Reihe alttestamentlicher Forscher sich dadurch hat bestimmen lassen anzunehmen, daß in dieser Beziehung überhaupt eigentlich nur ein Unterschied der Namen vorgelegen hätte, und daß erst die Schriftpropheten seit Amos das Verhältnis für Israel zu einem eigenartigen, nämlich sittlich bedingten, umgestaltet hätten. Das ist nun allerdings eine Verirrung gewesen, die jetzt nach langen Kämpfen allmählich im Schwinden begriffen ist, doch die Tatsache bleibt bestehen: eine gemeinsame Basis ist auch hier zu konstatieren.

Aber aus dieser gemeinaltorientalischen Vorstellung ist seit des Mose Tagen in Israel wieder eine spezifisch neue geworden. Der tiefgreifende Unterschied ist ein doppelseitiger: einmal ist das Verhältnis in der alttestamentlichen Religion von jeher als ein erst durch ein besonderes, geschichtliches Ereignis, nämlich durch die Erwählung von Ägypten her (vgl. Amos 3, 2; Hos. 8, 1) begründetes und zum anderen an bestimmte Bedingungen geknüpftes aufgefaßt. Beides ist zusammengefaßt in der Erzählung von der Bundesschließung am Sinai, die die beiden vorprophetischen Quellen, Jahwist und Elohist, bereits haben (vgl. Ex. 24; 34). Soweit bis jetzt die Quellen ersehen lassen, ist in sämtlichen anderen altorientalischen Völkern das Verhältnis zwischen Gottheit und Volk einfach als ein naturhaft gegebenes, daher auch unlösbares aufgefaßt, über dessen Entstehung überhaupt nicht nachgedacht wurde, oder man ließ es wie in Babylon mit der Entstehung der Welt zugleich entstehen.

Wie vollständig verschieden mußte dadurch aber die gesamte Geschichtsauffassung werden. Hatte es wirklich eine Zeit gegeben, da Jahwe Israel überhaupt noch nicht erwählt hatte, so mußte die ganze mit der Erwählung bzw. ihrer Vorbereitung (zur Zeit der Patriarchen) beginnende Geschichte in ganz anderem Maße an derselben orientiert sein, mußte auf der einen Seite als die fortlaufende göttliche Betätigung derselben, auf der anderen als eine Darstellung der Störungen und Hemmungen jener durch Sünden des Volkes aufgefaßt werden. Kurzum, in Israel und nur hier erhielt die Geschichte einen leitenden Grundgedanken, wurde ein zusammenhängender Organismus. Während wir bei den anderen altorientalischen Völkern nur Novellen, Erzählungen einzelner göttlicher Taten, Annalen. Chroniken haben (das Höchste, was erreicht wird, ist wohl die Schilderung der Regierung Tutmes III. und seiner beiden Nachfolger durch Tjaimi), haben wir daher in Israel schon im 10. bis 8. Jahrhundert wirkliche Geschichtswerke, getragen von dem Grundgedanken einer einheitlich geleiteten heiligen Geschichte (besonders Jahwist und Elohist, auch die Hauptquelle in den Samuelisbüchern). Das ist kein Zufall, sondern innerlichst begründet.

b) Doch noch eine andere äußerliche Berührung altorientalischer und alttestamentlicher Geschichtsauffassung hat sich neuerdings ergeben. Es ist ein altorientalischer Grundgedanke, daß alle irdische Geschichte vorgezeichnet sei in den Sternen, nach dem Gange, Wandel und Geschicke dieser sich bestimme. Die wechselnden Geschicke der Gestirne haben ihre dichterische Darstellung in den altorientalischen Mythen gefunden, von denen wir zurzeit besonders die babylonischen kennen. So ist es kein Wunder, daß die altorientalischen Schriftsteller und Dichter die menschliche Geschichte in den Formen und Bildern dieser schildern, damit andeutend, wie sie ihnen entsprächen.

Und diese Eigentümlichkeit tritt uns zweifelsohne auch bei den alttestamentlichen Schriftstellern entgegen. Auch da, wo nicht direkt einzelne altorientalische Mythen umgestaltet wiedergegeben werden (Gen. 1—11; Richt. 13—16), sondern auch da, wo die Erzähler wirklich die Geschichte ihres Volkes berichten wollen (von Abraham bis Salomo, vereinzelt noch später), finden wir stellenweise ganz überraschende Anklänge an jene. Es handelt sich vor allem um die Kindheitsgeschichte einzelner großer Männer (Mose, Samuel), um die Ausmalung einzelner Heldentaten (ich erinnere an die Abrahams Gen. 14, Josuas Jos. 10, Davids 1. Sam. 17 usw.) und besonders um gewisse oft wiederkehrende heilige mythologische Zahlen (die 3, 5, 7, 12, 40, 42, 315, 365 usw.). Es kann kein Zweifel sein, daß die Geschichte der Volkshelden mit Vorliebe in Farben geschildert ist, die dem Volke von Astralmythen, welche im ganzen westlichen Asien kursierten, geläufig waren.

Aber gerade, wenn man auf diesen Punkt recht scharf das Augenmerk richtet, merkt man, wie auch hier alles neu und anders geworden ist. Denn es kann mit vollster Sicherheit behauptet werden, daß die Geschichtsschreiber bei der Verwertung dieser Züge auch nicht ein einziges Mal damit sagen wollen, daß wirklich die menschlichen Geschicke durch die Gestirne bestimmt oder auch nur in ihnen vorgezeichnet seien, waren dieselben doch für sie nichts anderes als Geschöpfe und Diener des einen allmächtigen Gottes, sondern daß es sich für sie um altererbte Schemata, Farben der Darstellung u. dgl. handelt, die nur zur Ausmalung ihrer spezifischen Tendenz dienen, die ganze Geschichte ihres Volkes von der Erzväter Tagen an darzustellen als einen Erweis der frei erwählenden göttlichen Gnade, als eine fortlaufende Erziehung des Volkes durch seinen Gott, auf das Ziel hin, das er ihm bestimmt, als zusammenhängende Kette göttlicher Segnungen und Strafen, als großartigstes Exempel für die Wahrheit, daß die Weltgeschichte das Weltgericht sei. Zu dieser Geschichtsschreibung aber bietet, wie wir sahen, die gesamte altorientalische Literatur keine Parallelen.

c) Und noch in einem dritten Punkt fällt die alttestamentliche Geschichtsbetrachtung aus dem Rahmen der altorientalischen heraus: sie ist die einzige, die bei allem Partikularismus bereits eine universalistische Tendenz hat. Natürlich, eine wirkliche Universalgeschichte konnte in Israel noch nicht geschrieben werden, einfach, weil die Kenntnis der Materien nicht vorhanden war. Der Ruhm, diese gesammelt zu haben, gebührt dem Hellenentum. Aber dieses, auf sich selbst gestellt, hätte es auch nie zu einer Universalgeschichte gebracht (vgl. Diodor v. Sizilien), die ist erst geliefert, als Altes Testament und Hellenentum in die innigste Verbindung im Christentum traten (vgl. Euseb.). Denn eben jenes lieferte die unerläßlichen Vorbedingungen, die Ideen von der Einheit des Menschengeschlechtes und die einer auf ein gottgewolltes Ziel hinstrebenden Geschichte. Beide aber kennt der sonstige alte Orient nicht; nur das eigene seit Weltbeginn existierende Volk ist der Gegenstand allen göttlichen Interesses — bei Babyloniern wie Ägyptern. Und das ist um so verwunderlicher, weil wir bei diesen Völkern doch bereits den Gedanken des Weltimperiums haben, die Könige „Könige der Völker, der vier Weltgegenden, der Gesamtheit der Menschen, der Länder" usw. sein wollen.

Das Alte Testament aber (bereits der Jahwist Gen. 2—11, vgl. auch Amos 9, 7) kennt eine Zeit, da Israel noch nicht existierte, da aber Jahwe als Schöpfer, Segner und Richter die Geschicke der ganzen Menschheit leitete, es kennt daher auch eine Zeit, wo der Segen Abrahams sich wieder auf alle Geschlechter der Erde ausdehnen soll (12, 3). Und wenn auch vielleicht kein Prophet ernstlich mit der Möglichkeit gerechnet hat, es könne wieder eine Zeit geben, da wohl andere Völker, aber kein Israel mehr existiere, der Gedanke, daß Jahwes Reich nicht auf Israel beschränkt bleiben würde, ist ihnen eigentlich allen vertraut, mag sich dieser Universalismus auch erst allmählich von einem relativen zu einem absoluten entwickelt haben.

Freilich das soll auch hier wieder betont werden, der Rahmen, das chronologische Schema, in dem der Deuteronomist und der Priesterkodex die Geschichte sich abspielen lassen, geht letztlich auf gemeinsames, altorientalisches Gut zurück: die Einteilung der Geschichte der Erde in bestimmte Äonen, Zeitalter, Perioden, die ursprünglich von den Gestirnen abgelesen wurden, verdankt ganz gewiß auch Israel Babylon. Aber wie selbständig ist sogar dies Schema im Alten Testament umgebildet im Interesse einer kompakten, von Gott auf seine Ziele hin geleiteten Menschheitsgeschichte, von der wir nirgend sonst eine Spur treffen. Und worin liegt abermals der Grund? In dem vollständig einzigartigen Gottesglauben. (Vgl. „Büdinger, Die Universalhistorie im Altertum S. 3—8 und besonders Merx, Der Einfluß des Alten Testaments auf Bildung und Entwicklung der Universalgeschichte" in Verh. d. XIII. Internat. Orientalistenkongresses S. 195 f.)

2. Wir sind in dem letzten Abschnitt bereits mehrfach an die alttestamentlichen Zukunftsgedanken herangeführt, haben aber von denen nun erst gesondert zu handeln. Denn wie sich uns ergeben hat, daß die alttestamentliche Geschichtsauffassung in bezug auf die Vergangenheit eine ganz einzigartige Stellung einnimmt, so wird sich uns nun dasselbe auch in der Auffassung der zukünftigen Geschichte ergeben.

Bis vor wenig Jahren galt die alttestamentliche Eschatologie ohne weiteres als ein Unikum in der antiken Literatur. Die Schule Wellhausens hat ihr Möglichstes getan, sie auf dem Wege literarischer Kritik und Amputation als ein rein innerjüdisches, überwiegend nachexilisches Produkt begreiflich zu machen. Indes auch das ist heute anders geworden. Vor zwei Jahren ist ein Buch erschienen, das nach meinem Dafürhalten, so gewiß es in Einzelheiten fehlgegangen ist, wie das nach Auffindung einer neuen Theorie kaum anders denkbar ist, in der Hauptsache uns einfach den einzig möglichen Schlüssel zu dem Geheimnis der alttestamentlichen Eschatologie geliefert hat, es ist das von Greßmann „Der Ursprung der israelitisch-jüdischen Eschatologie". Indem er besonders von Gunkel erhaltenen Anregungen folgt, gewinnt er das eine vollständig neue Perspektive eröffnende Resultat, daß die gesamte biblische Eschatologie, die des Heils wie Unheils, nicht etwa eine Neuschöpfung der alttestamentlichen Prophetie und Apokalyptik sei, sondern auf Jahrhunderte, wenn nicht Jahrtausende ältere, nur eigenartig umgebildete Wurzeln zurückgehe, daß die Propheten überall die Eschatologie als eine im Volke bereits bekannte voraussetzen, und daß diese volkstümliche Eschatologie wiederum auf eine noch ältere mythische, außerisraelitische, überwiegend jedenfalls babylonische zurückzuführen sei. Daß sehr vieles in Greßmanns Ausführungen hypothetisch sein muß, solange wir die anderen altorientalischen

Eschatologien noch nicht authentisch kennen, ist selbstverständlich; daß er in der Hauptsache recht hat, scheint mir schon die eine Stelle Amos 5, 18 darzutun, wonach der „Tag Jahwes" schon vor den Propheten eine im ganzen Volke bekannte Größe war.

Eine merkwürdige Bestätigung hat Greßmanns Resultat gefunden durch ein im vorigen Jahre erschienenes und aller Beachtung seitens der Theologie würdiges Buch des Historikers Ed. Meyer „Die Israeliten und ihre Nachbarstämme". Dieser kommt, ohne Greßmanns Werk zu kennen und auf einem ganz anderen Wege in der Hauptsache zu demselben Resultate. Er macht S. 451 ff. darauf aufmerksam, daß uns in der zum Teil erst jüngst bekannt gewordenen ägyptischen prophetischen Literatur (besonders den Prophezeiungen des Apu 2000—1800 v. Chr., in den demotischen Prophezeiungen eines Lammes unter König Bokchoris um 720, in griechischen Papyris usw.) genau dasselbe Schema wie in der alttestamentlichen Prophetie entgegentritt: erst eine Zeit der schweren Heimsuchung, der Vernichtung der staatlichen Macht, der Verödung des Landes und seiner Heiligtümer, dann die Herrlichkeit des messianischen Reiches unter dem gerechten, göttergeliebten König aus dem alten legitimen Geschlecht, dem alle Völker untertan werden.

Wenn nun freilich Meyer schließt: „Ich denke, es kann keinem Zweifel unterliegen, daß dieses Schema, der materielle Inhalt aller Prophetie, von Ägypten überkommen ist". so ist dieser Schluß höchst anfechtbar. Er hat vor allem ganz übersehen, daß Amos 5, 18, auch Gen. 49, 10 f. die Eschatologie bereits als ein festes Gut in Israel vorausgesetzt, mithin schon viel früher eingeströmt ist. Wir werden wohl noch Jahre warten müssen, ehe wir mit Bestimmtheit einerseits die Urheimat des eschatologischen Schemas — wahrscheinlicher ist es doch Babylon — und zum anderen das Volk, von dem nun gerade Israel (durch die Nebiim? nach Greßmann) dasselbe. sei es direkt, sei es indirekt durch die Kananiter übernommen hat, nachweisen können, genug, daß an der altorientalischen Herkunft des eschatologischen Schemas kaum ein Zweifel mehr sein kann.

Indem ich nur im Vorübergehen darauf hinweisen will, wie infolge dieses scheinbar sehr radikalen Resultates mit einem

Schlage die ganze von Stade u. a. an den Prophetenschriften geübte Literarkritik zusammenbricht, denn gerade die eschatologischen Abschnitte (Amos 9; Hos. 14; Jes. 9 usw.) waren von diesen immer als nachexilisch ausgemerzt, sind nun aber umgekehrt als besonders alt erwiesen, — also ein höchst konservatives Resultat —, muß ich zugleich auch betonen, daß schon Greßmann wie Meyer übereinstimmend darauf hingewiesen haben, daß trotz des Zusammenhanges mit der außerisraelitischen Eschatologie die volle Eigenart der alttestamentlichen Prophetie bestehen bleibe. Meyer sagt S. 453: „Ihr (der Propheten) individuelles Eigentum ist nur die Ausgestaltung im einzelnen, die Anwendung auf die jedesmalige Situation, die gewaltige Vertiefung der zugrunde liegenden Gedanken, die vor allem für das bevorstehende Strafgericht eine sittlich-religiöse Verschuldung sucht und eben um dieser willen die Erfüllung der alten Verheißung für unvermeidlich erklärt." Und Greßmann hat sogar hier und da schon im einzelnen darzutun versucht, wo und inwieweit diese Umwandlung sich bei den Propheten besonders bemerkbar mache (S. 153 usw.).

Aber gerade in dieser Richtung ist nun der Theologie eine weitreichende Aufgabe gestellt: gerade eine exakte Vergleichung der teils aus dem Alten Testament selbst zu konstruierenden, teils durch ägyptische und babylonische Quellen bereits belegten altorientalischen Eschatologie mit der spezifisch alttestamentlichen, zeigt wiederum auf Schritt und Tritt, wie hier ein vollständig Neues entstanden ist. Zunächst möchte man einen gewaltigen Schritt vorwärts schon darin erblicken, daß in der alttestamentlichen Prophetie die Naturschrecken meistens zu Völkerschrecken, das mythische Unheil zu einem historischen geworden ist; indes diese Umwandlung, die gewiß einen Fortschritt bedeutet, ist, wie es scheint, schon seitens der israelitischen Volkseschatologie und gerade so auch schon seitens der ägyptischen vollzogen.

Aber aller Nachdruck ist auf die sittlich-religiöse Orientierung der Eschatologie bei den Propheten zu legen. Dadurch wird die Volkseschatologie vielfach direkt in ihr Gegenteil verkehrt; für jene ist der Tag Jahwes ein Tag des Lichts, für

Amos wird er ein Tag der Finsternis, weil er die Zukunft des Volkes von einem gerecht richtenden Gotte gelenkt und gestaltet sein läßt, der vor Israels Sünde die Augen nicht schließen kann. Für Jeremia 28, 8 sind die wahren Propheten alle Unheilspropheten, das ist natürlich, wie die kanonischen Prophetenschriften selbst zeigen, nicht buchstäblich, sondern relativ zu verstehen, aber überwiegend mußte es sich wirklich so gestalten, weil die Sünde die vorherrschende Macht im Volksleben geworden war und das göttliche Unheil herausforderte. So wird denn fast jede Unheilserwartung bei den Propheten sittlich-religiös motiviert, man müßte ja ihre Bücher ausschreiben, um darzutun, wie bald der sittliche, bald der religiöse Gesichtspunkt überwiegt, von einem blinden Verhängnis nie mehr etwas zu bemerken ist (vgl. Amos 2. 6 ff.; 5, 1 ff.; Hos. 4, 1 ff.; Jes. 1; 5; 9. 9 ff.; Micha 2 usw.). Vielmehr wird das eschatologische Unheil aus erwarteten oder berechneten unabwendbaren Naturkatastrophen eine Willensäußerung des Einen heiligen, gerecht richtenden Gottes.

Und ebenso ist die Heilserwartung etwas ganz Neues geworden. Freilich in einem Punkte zeigt sich hier die Nachwirkung der Volkseschatologie besonders nachhaltig, in dem Gedanken, daß zu Israels Heil das Unheil der Völker gehört. Wohl bemerken wir auch hier das Ringen und Bestreben der meisten Propheten, dies Unheil der Völker auch sittlich-religiös zu motivieren. bald sind es einzelne unsittliche Taten, bald das ganze unsittliche Treiben, bald die irreligiöse Hybris, bald ihre Abgöttereien und Zaubereien, die den Völkern zum Verderben werden (vgl. Amos 1, 3 ff.; Jes. 14, 3 ff.; 23, 1 ff.; Ez. 27; 28) usw. Aber daneben gibt es auch ganz vereinzelte Weissagungen wider die Völker, in denen eine solche Motivierung fehlt, in denen dieselben einfach als Nichtisraeliten verderben müssen (vgl. Jes. 14, 28 ff.; 15; 41, 15 f.; 63, 1 ff.). Und diese müssen als unüberwundene Reste der alten Volkseschatologie aufgefaßt werden.

Aber sie bilden die verschwindende Ausnahme. Auch die Heilseschatologie ist in Wirklichkeit wiedergeboren, zunächst im Hinblick auf das gerettete Israel selbst. Greßmann hat dargetan, wie auch der gerettete „Rest" bereits ein ständiger Faktor in der alten Eschatologie gewesen sein muß, er wird von den Propheten als etwas bereits Bekanntes vorausgesetzt; aber die Zugehörigkeit zu ihm ist bei ihnen wieder eine ausschließlich sittlich-religiös bedingte, durch Buße und Gerechtigkeit herbeigeführte (vgl. Amos 5, 14 f.; Jes. 4, 3 f.; 10, 20 ff.; Zeph. 3, 13 usw.). Vor allem aber zeigen die Bilder von dem dem Gerichte folgenden Zustande des Volkes, daß zwar die natürlichen Güter des Lebens, Wohlstand, Kinderreichtum usw. aus der Heilszeit durchaus nicht von den Propheten eliminiert sind, daß ihnen aber im Vordergrunde doch immer sittlich-religiöse Güter, Recht und Gerechtigkeit, Friede und Milde, Vertrauen auf Jahwe und aufrichtige Verehrung Gottes stehen, sie erwarten eine innere Umgestaltung ihres Volkes (vgl. Jes. 1, 26 ff.; 54, 13; Jer. 31, 30 ff.; Hab. 2, 14; Ezech. 37, 14 usw.). Doch immer noch könnte man sagen, einzelne Parallelstellen schienen auch hierzu in den Eschatologien der anderen altorientalischen Völker existiert zu haben. Darauf führten die mit eschatologischen Farben entworfenen Bilder der Regierungszeiten assyrisch-babylonischer Könige (vgl. den interessanten Brief eines Höflings an Assurbanipal, Ominatexte u. a. bei Greßmann S. 260 f.), Recht und Gerechtigkeit, die Verehrung der Götter stünde auch dort im Vordergrunde. Freilich muß man dem sofort entgegenhalten, daß auch bei gleichen Worten die Begriffe sich doch nicht decken und daß selbstverständlich bei dem Glauben an den Einen heiligen Lenker jenes künftigen Reiches doch dies selbst ein vollständig anderes sein müßte.

Aber auch wenn wir jenes zugeben, in einem Punkte ist sicher auch die altorientalische Heilseschatologie durch die alttestamentliche in ihr direktes Gegenteil verkehrt. Neben der aus jener entnommenen Erwartung der Vernichtung oder wenigstens Unterwerfung der anderen Völker finden wir bei den alttestamentlichen Propheten ganz andere, ungleich höher stehende Perspektiven, in denen die Völker mit in das Heilsbild aufgenommen werden, nicht als Unterworfene, sondern als solche, die sich freiwillig anschließen, angezogen durch die Gewalt und Herrlichkeit des Heils und Rechts, das von Jahwe, von Zion ausgeht, die innerlich umgewandelt und selbst jahwegläubig

werden. Zu solchen wunderbaren Stellen aber (vgl. Jes. 2, 1 ff.;
19. 18 ff.; 42, 1 ff.; 45, 14. 22 f.; 51, 4 ff.; Zeph. 3, 9 usw.) bietet
die gesamte altorientalische Eschatologie, soweit sie uns bis
jetzt bekannt ist, schlechterdings keine Parallele. Greßmann
gibt zu, daß wir eine solche nicht hätten, meint aber S. 266:
„Wenn der Glaube an ein Weltreich vorhanden war, so war
damit auch der Glaube an eine Weltreligion gegeben oder lag
wenigstens nicht fern." Indes, was uns oft als das nächst-
liegende erscheint, ist in der Geschichte vielfach durch Jahrtausende getrennt; statt solcher fraglichen Reflexionen, die schon
durch einen Blick auf das römische Weltimperium zuschanden
werden, verlangen wir Dokumente, und die existieren nicht.

Haben wir so gesehen, daß auch auf diesem Gebiete sich
derselbe Vorgang abgespielt hat, wie auf allen anderen bis jetzt
behandelten, daß aus den altorientalischen Gebilden ein vollständig neues geworden ist, aus der mythologischen Eschatologie,
aus der in Babylon oder Ägypten geborenen Idee des Weltreichs
der Gedanke eines durch des Einen Gottes Fügung in der Geschichte kommenden sittlich-religiösen Reiches Gottes. so möchten
wir doch einem Punkte von besonderer Wichtigkeit noch eine
kurze gesonderte Besprechung widmen, der messianischen Erwartung. So fremdartig gerade das zunächst viele berühren
wird, es ist mit sehr beachtenswerten Gründen von Greßmann
und Gunkel der Beweis versucht, daß auch der wunderbare König
der Endzeit, ein Widerspiel des Urmenschen, eine allgemeine
altorientalische Erwartung gewesen wäre. Unsere Väter hätten
diese Annahme als eine Konsequenz der dem Weibessamen nach
dem Sündenfall gegebenen Verheißung vermutlich schneller
akzeptiert. Natürlich kann hier zurzeit nur von Wahrschein-
lichkeitsbeweisen die Rede sein. Doch die lassen sich nicht
leugnen.

Greßmann hat in der Weise argumentiert, daß er zunächst
die große Verwandtschaft der Redeweise vom israelitischen König
und dann weiter vom Messias mit dem allgemeinen altorientalischen Hofstil aufweist (Erwählung, Hirte, Weltherrschaft. Ewig-
keit, Sohn Gottes, der Gesalbte), und dann zeigt. wie die Messias-
idee im Alten Testament zwar engstens mit der davidischen

Dynastie verknüpft, aber doch erst sekundär auf dieselbe übertragen sei, da die Gestalt des Messias nicht restlos in der Verherrlichung der davidischen Dynastie aufginge, sondern daneben mythische Überreste zeige (die Geburt des Immanuel von der schwangeren Almah, die Geburt von der Joledah, die sieben Fürsten und acht Hirten (Micha 5), der „mächtige Gott" wie die sonstigen mythischen Namen in Jes. 9, vor allem das Essen von Milch und Honig, die Schilderung als Paradieskönig, der auf dem Esel reitet usw.). Gerade zu diesen Zügen aber finde man reiche Parallelen in der altorientalischen Mythologie (Damkina, Hathor, Yama usw.)

Wir wollen dahingestellt sein lassen, ob wirklich alles, was von Greßmann als mythischer Zug bezeichnet wird, diesen Namen verdient, in dem einen dürfte er sicher recht haben, daß gerade in den messianischen Weissagungen Anspielungen auf dem Volke längst Bekanntes vorkommen, daß vorausgesetzt wird, das Volk weiß, wer die Almah, die Joledah usw. ist, daß also die messianische Erwartung an sich bereits vorprophetisch ist. Positiv wird das durch Gen. 49, 10 bestätigt, wo die messianische Deutung des Schiloh sich immer wieder durchringt. Und daß diese Erwartung dann außerisraelitischen Ursprungs ist, hat von vornherein manches für sich, wird vermutlich auch noch durch andere Gründe als die von Greßmann beigebrachten sich stützen lassen (z. B. durch das zemach = zer ameluti, das El in Immanuel u. a.), doch sicher läßt sich der Beweis noch nicht führen.

Aber sehen auch wir einmal dem Möglichen als einer Tatsache ins Auge: in welchem Lichte erscheint uns dann die alttestamentliche messianische Erwartung? Zunächst muß dann betont werden, daß durch die feste Verbindung dieser mit der davidischen Dynastie das eigentlich Mythologische ausgeschaltet bzw. historisch menschlich umgebogen sei (vgl. die Götterspeise zu einer solchen einer Unglücksperiode, die Göttinmutter zu einem menschlichen Weibe usw.).

Zum anderen wären gewisse Attribute des Messias, die sicher auch in der altorientalischen Eschatologie eine große Rolle, aber neben anderen spielten, in der alttestamentlichen Erwartung direkt in das Zentrum gerückt, ich meine die, die ihn als Herrscher der Gerechtigkeit und des Friedens κατ’ ἐξοχὴν charakterisieren. Man vergleiche einmal den schon oben herangezogenen Brief eines Höflings an Assurbanipal mit Jes. 9, 6; 11, 1 ff.; 42, 1 ff.; Micha 5, 4; Ps. 72, 1, 4, 6; Sach. 9, 9 ff. Auch im Bilde des alttestamentlichen messianischen Reiches haben die „reichlichen Regengüsse, gewaltigen Hochwasser, guten Kaufpreise, das Hüpfen der Greise, das Singen der Kinder, das Heiraten der Mädchen, das glückliche Gebären der Frauen“ usw. mutatis mutandis nicht gefehlt, aber diese Züge sind an die Peripherie gedrängt, treten stellenweise ganz zurück hinter der Milde und Gerechtigkeit, die sich an den Enterbten tätig erweist.

Und ebenso wie nach der sittlichen ist vollends nach der religiösen Seite die messianische Gestalt vertieft. Denn wenn man auch sonst im alten Orient dieselbe als den Bringer der Gottesfurcht betrachtet hat, so ist es hier die kultische Gottesfurcht, die Wohlhabenheit der Tempel usw., dagegen Jes. 11, 1 ff. die prophetische Gottesfurcht und Gotteserkenntnis, die sich in Liebe, Gerechtigkeit usw. erweist. Und einen noch viel tieferen religiösen Gedanken gewinnt das Alte Testament der Gestalt des Messias ab; er ist der, in dem und durch den Jahwe das Volk als ein gerechtes ansieht, man nennt ihn: Jahwe unsere Gerechtigkeit (Jer. 23, 5). Da versagen bereits alle altorientalischen Parallelen.

Und nun müssen wir noch einen bedeutenden Schritt weitergehen. Wenn auch nur an einigen Höhepunkten der alttestamentlichen Prophetie, jedenfalls ist das altorientalische Bild des Messias auch direkt in sein Gegenteil verkehrt und ein vollständig neues geschaffen. An einer Stelle wird das allgemein zugegeben (Sach. 9, 9 f.). Hier ist aus dem Könige nicht nur ein sanfter und milder Herrscher geworden, nein geradezu ein עָנִי, ein Armer. Das eine Wort ist Ausdruck einer der ganzen altorientalischen direkt entgegengesetzten Lebensanschauung, und umschließt ein Axiom des Gottesreichs, das erst in Jesus Christus ganz offenbar geworden ist und eine ganze Welt erlösen sollte: das Reich Gottes ist nicht ein Reich des Herrschens, sondern des Dienens.

Aber noch mehr ist dieser Gedanke ausgeführt in den sog. Gottesknechtsstücken Deuterojesajas 42; 49; 50; 52, 13—53, 12. Daß auch hier der Messias vor uns steht, kann nach meinem Dafürhalten nicht geleugnet werden; in einem demnächst erscheinenden Buche hoffe ich es geradezu zwingend erwiesen zu haben. Trifft es zu, so bedarf es keines weiteren Wortes, daß die Gottesknechtsgestalt, die tatsächlich auch ihre ersten Wurzeln in altorientalischen Vorstellungen gehabt haben mag, geradezu eine Umkehrung des alten Messiasbildes bedeutet: dieser Messias, der Dulder, verzichtet freiwillig auf die sämtlichen natürlichen Lebensgüter, die man von dem göttlichen Könige prädizierte, er, dem man als ersten Wunsch das ewige Leben entgegenrief, setzt sein Leben ein als Schuldopfer für viele, und schafft dadurch den vielen Gerechtigkeit und Heil. Das ist eine Erlösung durch den Messias, von der dem alten Orient sogar die Ahnung fehlt, denn das Hinsinken des erlösenden Frühjahrsgottes in den Tod zu neuem Leben ist nur ein naturnotwendiges und stets als solches aufgefaßt und beklagt. Der deuterojesajanische Ebed aber hat sein Leid freiwillig und geduldig auf sich genommen, um sein Volk gerecht und glücklich zu machen.

So ist die gesamte Geschichtsbetrachtung des Alten Testaments, die der vergangenen Geschichte sowohl wie der zukünftigen trotz aller ursprünglichen Berührungen mit der altorientalischen eine vollständig neue geworden, der Gottesglaube hat auch sie wiedergeboren.

V. Lebensbetrachtung und individuelle Frömmigkeit.

Wir kommen nunmehr zu einem Gebiete, das von einer geradezu enormen Bedeutung für die Einschätzung einer Religion ist, in bezug auf welches aber bis jetzt nur Anfänge einer zusammenfassenden Vergleichung der altorientalischen Religionen unternommen sind (Bahr, „Die babylonischen Bußpsalmen und das Alte Testament"; Caspari, „Die Religion in den Assyrisch-Babylonischen Bußpsalmen"; Hehn, „Sünde und Erlösung nach biblischer und babylonischer Anschauung"). Daß auch in der Lebensbetrachtung und den Äußerungen individueller Frömmigkeit viele Linien herüber und hinüber führen, ist mit Recht schon oft betont. nur hat man sich nicht immer genügend klar gemacht, welcher Art diese Verwandtschaften sind, welcher Art aber auch die Verschiedenheiten.

Fassen wir zuerst jene ins Auge. Daß die natürlichen Güter des Lebens, an die sich das Menschenherz hängt, die es sich als Gaben der Gottheit erwünscht, deren Entziehung es fürchtet, in der Hauptsache bei allen altorientalischen Völkern dieselben sind, ist eigentlich ganz selbstverständlich. Je nach der Höhenlage der Kultur finden hier allerdings gewisse Nuancen statt, übrigens natürlich auch innerhalb der einzelnen Völker. Aber im allgemeinen sind es doch ganz dieselben, die beispielsweise den Patriarchen, dem alten Israel verheißen und von Jahwe gegeben werden (vgl. meine Beiträge zur israelitisch-jüdischen Religionsgesch. II S. 22—60) und die sich die assyrisch-babylonischen Könige in ihren Bau- oder Siegesinschriften erflehen: Kraft, Sieg und Ruhm, Freiheit, Vaterland, Friede, Besitz, Freude, Schönheit, Freundschaft und Liebe, Kinderreichtum, Ehre, Weisheit, Leben. Prinzipiell ist hier alles bei den westasiatischen Völkern gleich im Unterschiede z. B. von den Indern u. a.

Ebenso aber ist allen jenen Völkern gemein, daß sie in der Verleihung bzw. Vorenthaltung jener Güter im allgemeinen die Vergeltung einer gerecht richtenden Gottheit sehen. Ja, es ist sogar möglich, daß die Form, in der dies der Jugend eingeprägt wurde, der Spruch, der die bürgerliche Moral lehrte und von der Gewißheit ausging, daß jeder einzelnen guten Tat der göttliche Lohn, der schlechten die Strafe folgen müsse, daß dieser geradezu von Ägypten nach Palästina gekommen ist. Jedenfalls sind dort solche Spruchsammlungen und Lehrdichtungen, wie wir sie in den biblischen Proverbien besitzen, bereits um 2000 v. Chr. nachweisbar, vgl. die „Lehre des Anii“ und die „Unterweisung des Amen-em-het I“ und das Alte Testament leitet ja selbst einzelne seiner Spruchsammlungen von Ausländern her (vgl. Prov. 30, 1; 31, 1). Ja sogar der Skeptizismus. die Zweifel und Skrupel, die jenem naiven Vergeltungsglauben infolge schärferer Beobachtung der Wirklichkeit so gewiß folgen wie die Puppe der Raupe, auch sie scheinen nicht erstmalig

im Alten Testament in dichterische Formen gegossen zu sein,
nein, es ist neuerdings eine stellenweise fast buchstäbliche
Übereinstimmung einzelner Lieder im Hiob mit dem ägyptischen
„Gespräch eines Lebensmüden mit seiner Seele" nachgewiesen,
und bei der Entstehung jenes um 2000 kann die Frage der Entlehnung nicht zweifelhaft sein (vgl. Fries, Das philosophische
Gespräch von Hiob bis Plato, S. 12—26). Aus der babylonischen
Literatur kommt als Parallele besonders die berühmte Erzählung
von einem leidenden Könige oder Weisen mit eingeschobenem
Klagegebet in Betracht, der in ähnlichen Farben wie Hiob das
ihm trotz all seiner Frömmigkeit auferlegte unsagbare Leid
schildert (vgl. Jastrow II S. 122 ff.).

Doch der organische Zusammenhang zwischen allen altorientalischen Religionen sitzt noch tiefer. Besonders, seitdem
wir die babylonischen Bußpsalmen besitzen, ist erkannt, daß
nicht nur gewisse Worte für Sünde dem Babylonischen mit dem
Hebräischen gemeinsam sind (vgl. Hehn, S. 9—11), sondern auch
daß die Sünde in Babylon wie im Alten Testament, übrigens
auch in Ägypten (vgl. bes. das Totenbuch K. 125) nicht nur
als kultisches Vergehen, vielmehr sehr stark auch als Verstoß
gegen die Sittlichkeit aufgefaßt ist (vgl. auch die Beschwörungs-
serie Šurpu). So sind es tatsächlich nicht nur ergreifende
Klagen über Leid und Elend, sondern auch über Sündennot, die
uns hier entgegengetreten. Wir wissen jetzt, daß in allen diesen
Völkern Sünde, Schuld und Strafe als korrelate Begriffe aufgefaßt, daß sie dementsprechend alle das Flehen um Erlaß der
Strafe und Schuld, um Vergebung der Sünde, daß sie die Buße
und das Bußgebet gekannt haben. Und abermals muß konstatiert werden, daß die babylonischen Bußpsalmen zum guten Teil
bereits der Zeit vor 2000 entstammen, daß also in den alttestamentlichen Bußpsalmen, soweit sie einem bestimmten Schema
folgen, uralte Formen für Beschwörung und Beruhigung der
Gottheit aus altorientalischer Zeit vorliegen können.

Und endlich läßt sich jetzt mit Sicherheit sagen, daß die
Sehnsucht, dermaleinst frei zu werden von allen Übeln, daß die
Gedanken großer göttlicher Gerichte über die Sünde in Ver-
gangenheit und Zukunft, daß die Hoffnungen von Auferstehung

und dereinstigem Leben in einem Paradies bei Babyloniern und Ägyptern in Anlehnung an den Tammuz- und Osiriskult zum mindesten lange vor den alttestamentlichen Schriften nachweisbar sind.

Kann man also nicht mit Fug und Recht sagen, daß gerade in diesem Kapitel handgreiflich auf seiten der alttestamentlichen Religion einfach eine Entlehnung vorliege? Die, die so geurteilt haben, und es gibt solche, sind doch geradezu unglaublich oberflächlich verfahren. Wir leugnen den gemeinsamen altorientalischen Rahmen gewiß nicht. Aber nun bitten wir auf der anderen Seite auch die Differenzen zu beachten.

Wir wollen ausgehen von dem unleugbaren Faktum, daß bis jetzt die anderen altorientalischen Völker der alttestamentlichen Erzählung von dem einstigen Kommen der Sünde in die Welt, von dem Sündenfalle nichts Gleichwertiges an die Seite zu setzen haben. Ich bitte mich nicht falsch zu verstehen, als ob sie derartige Erzählungen überhaupt nicht besessen hätten. Ich halte es durchaus für möglich, daß auch die Babylonier von einer Verführung des Weibes zum Bösen im Anfange durch einen Schlangendämon und darauf folgende Verfluchung zu erzählen gewußt haben, obwohl man vorläufig daran festhalten muß, daß bei ihnen in dem Adapamythus in ganz anderer Weise erzählt wird, wie der erste Mensch seine Unsterblichkeit verloren habe. Von dem unvermeidlichen Siegelzylinder mit Baum, Schlange und zwei menschlichen Gestalten wollen wir hier einmal ganz schweigen. Doch jedenfalls haben die Perser eine sehr verwandte Erzählung besessen: Yima verfällt durch die Lüge, der er sich hingibt, der Macht der Schlange Dahaka. Meschia und Meschiane verleugnen, von Ahriman verführt, den guten Gott und verlieren dadurch in allmählicher Stufenfolge ihre ursprüngliche Reinheit.

Aber je größer die Verwandtschaft, um so größer auch die Differenzen. Das eigentliche Wesen der Sünde als einer zwar von außen angeregten, aber doch bewußten Auflehnungstat wider den Willen des Lenkers aller Geschichte der Menschheit, ihre Entstehung, ihr in das Bewußtseintreten als Schuld an Stelle der bisherigen Unschuld, alles den Menschen bedrückende Unheil ihre Folge, dies alles ist in dem biblischen Bericht in einer so kindlich einfachen Form und zugleich in einer für alle Zeiten gültigen Weise ausgeführt, daß jeder Leser es immer und immer wieder spürt: hier ist die Lösung für das schwerste Rätsel des Menschenlebens gegeben. Und es konnte nur hier, nicht in den altorientalischen Mythen gegeben werden, weil nur der alttestamentliche Bericht das menschliche Lebensschicksal orientiert an dem Befehl, Willen und der Leitung des Einen Gottes.

Doch ein besseres und ausgedehnteres Material zur Vergleichung steht uns zur Verfügung, wenn wir nun die Frage beantworten wollen, was denn überhaupt für die alttestamentliche Religion im Unterschiede von der altorientalischen Sünde und dementsprechend auch Buße gewesen ist. Wir haben schon oben die früher wohl gehörte Meinung zurückgewiesen, als habe man außerhalb der alttestamentlichen Religion unter Sünde immer nur kultische, nicht auch sittliche Vergehen verstanden. Und umgekehrt, auch in Israel hat nie die Richtung gefehlt, die beide auf eine Linie stellte. Im Gegenteil, das war die Auffassung des Volkes in altisraelitischer Zeit, das war die Meinung der Priester und ihres Anhangs in der ganzen nachexilischen Periode, das war aber auch gerade die Ansicht der Menge, die die Propheten bekämpften, sie legte sogar den kultischen Vorschriften der Gottheit eine größere Bedeutung bei als allen sittlichen.

Nun aber ist der tiefgreifende Unterschied zwischen alttestamentlicher und sonstiger altorientalischer Religion der: während in diesen immer und immer wieder neben den sittlichen Vergehen als strafwürdige Sünde rein kultische Unterlassungen, unberechenbare Erlebnisse und Begegnungen auftauchen und ihnen ohne weiteres gleich gewertet werden (vgl. z. B. Totenbuch 125, 7f., 19, 21 usw.), haben wir in der alttestamentlichen Religion seit des Mose Tagen eine Strömung zu konstatieren, die nachdrücklichst als das Zentrum des göttlichen Willens, unter Umständen direkt im Gegensatze zu den traditionellen kultischen Geboten die richtige religiös-sittliche Jahweverehrung vertritt (bestehend in Liebe, Vertrauen, Glauben an den Einen Gott auf der einen, Rechttun, Milde, Liebe zum Nächsten auf der anderen Seite vgl. Hos. 6, 6; Jes. 1, 10 ff.; Micha 6, 8 usw. Nur das, was dieser widerspricht, ist Sünde. Zu dieser in Israels Geschichte von Samuel bis Sacharja nicht abreißenden Richtung sucht man die Parallelen im sonstigen alten Orient umsonst.

Doch mehr noch, das ist in Israel nicht nur eine Lehre, die einzelne erleuchtete Geister vorgetragen, nein, die hat unter den Frommen einen starken Widerhall gefunden. Das, was uns in den biblischen Psalmen als Sünde entgegentritt, ist so gut wie immer sittliche Schuld und in dieser Richtung ist stellenweise (auch im Hiob vgl. 31 usw.) eine Höhe der sittlichen Auffassung, eine Verurteilung auch der leisesten Gedankensünden erreicht, die wir nirgends sonst finden (vgl. Ps. 15; 24; 61; 101 usw., desgl. 18, 24: 37, 8, 17, 27; 51, 16; 62, 11; 112, 5, 9, dazu Köberle, Sünde und Gnade S. 339 ff.). So erklärt es sich auch, daß den alttestamentlichen Sängern nie unklar ist, worin ihre Sünde besteht (vgl. Ps. 6; 32; 38), man weiß, daß man eine klare und bestimmte Richtschnur hat, Gottes untrüglichen Willen besitzt (vgl. Ps.19, 6 ff.; 40, 8; 119 usw.), den babylonischen Dichtern und den unter Bann Stehenden machen gerade die unbekannten Sünden die größten Sorgen. (Ps. 19, 13; 90, 8 meinen etwas ganz anderes, Gedankensünden.)

Und noch handgreiflicher wird der Unterschied der Religionen in der Auffassung der Mittel, durch die die Folgen der Sünde zu heben sind, der Sündenvergebung, der Buße. Die Worte finden sich in allen Religionen, aber welche Kluft klafft in ihrer Bedeutung. Gewiß, auch die alttestamentlichen Sänger scheinen oft geradezu die Schuld mit den Folgen der Sünde, der Krankheit, den Leiden usw. zu identifizieren (vgl. Ps. 6 u. a.). Aber es gibt auch eine ganze Reihe von Psalmen, in denen aller Nachdruck auf die göttliche Stimmung, auf die forensische Sündenvergebung gelegt wird, in denen die Leiden als Strafe etwas ganz Peripherisches geworden sind (vgl. 32, 5; 51, 10 u. a.). Auch hier hatten die Propheten eine allmähliche Loslösung der natürlichen Güter und Übel von den göttlichen Stimmungen der Gnade und des Zornes angebahnt (vgl. meine Beiträge II S. 223—248).

Und hier ist nun der Punkt, an dem ich nicht anders kann als die Vergleichung der biblischen und babylonischen Religion, die man unter der Marke Babel und Bibel in Umlauf gesetzt

hat, mindestens als eine außergewöhnliche Naivität zu bezeichnen.
Auch ein Laie in der babylonischen (und ägyptischen) Religion, wie
ich es bin, sieht doch auf den ersten Blick, welch ungeheuer breiten
Raum in ihr die sog. Zaubertexte einnehmen, Texte, die uns
zeigen, wie man durch Mittel und Mittelchen, durch Brennen und
Binden, durch Holz und Steine, Wolle und Wurzeln, durch Pusten,
Waschen und das Hersagen von Formeln die natürlichen Übel
zu heben gesucht hat. Es ist hier einfach unmöglich, eine Grenze
zwischen Religion und Aberglaube zu ziehen, denn die Könige
selbst unterziehen sich unter offizieller Assistenz der hochange-
sehenen Beschwörungspriester in breiter Öffentlichkeit allen
diesen Riten, sobald sie leidend „verhext“ sind. Und das Alte
Testament? „Eine Zauberin sollst du nicht am Leben lassen“
verlangt schon das Bundesbuch (22, 17 [1])), das Deuteronomium verurteilt (18, 10 f.) alle Beschwörer, und jedenfalls hat sich das,
was sich in Babylon im offiziellen Kultus vollzog, in Palästina
nur in den Winkeln des Landes zugetragen, als fremdartiger
Import verpönt von allen Trägern der legitimen Religion (vgl.
Jes. 2, 6). In Babylon nennen sogar die Dichter der Bußpsalmen
als Mittel, die Sündenvergebung zu erreichen, Opfer, Waschungen,
Entbannungs- und Zauberformeln, mit Bewußtsein haben sie sich
also nie über die alte Auffassung magischer Einwirkung auf die
Gottheit erhoben. Die alttestamentlichen Dichter kennen, stellenweise direkt unter Perhorreszierung jener Mittel, das rückhalt-
lose Bekenntnis der Sünde, wirkliche Herzensreue und -buße,
Umkehr vom alten bösen Wege, einen neuen sittlichen Wandel,
ja geradezu eine Umschaffung des alten, sündigen Herzens, das
Geschenk eines neuen Geistes (vgl. Ps. 15; 32; 40; 50; 51 u. a.).

Somit muß man urteilen, daß auch hier sich wieder nur bestätigt, wie Israels Religion das allgemein altorientalische sittliche und religiöse Empfinden zu einer einzigartigen Höhe empor-
gehoben hat, wie bei aller Verwandtschaft der natürlichen Grundlage in Israel ein spezieller Faktor wirksam gewesen ist, der
das sittliche und religiöse Gebiet aus den Banden des natürlichen
erst vollständig befreit hat.

---

[1]) Der C. H. verurteilt nur die Umstrickung mit einem Bann ohne be-
weisbaren Grund.

Und dasselbe gilt nun auch von dem Vergeltungsglauben, der allen altorientalischen Religionen gemeinsam ist und der sich doch sehr verschiedenartig entwickelt hat. Zunächst ist klar, daß in sämtlichen anderen zwar der Glaube an einzelne göttliche Vergeltungen, nie aber der an eine einzige das ganze Leben durchziehende Vergeltung entstehen konnte, denn hier kreuzten sich einfach die Forderungs- aber auch Wirkungsgebiete der verschiedenen Götter. Einen klaren Maßstab für die Beurteilung der persönlichen Erlebnisse im Guten wie Bösen, wie ihn z. B. Ezech. 14; 18 usw. bietet, besaß man in Babylon nicht und konnte ihn nie besitzen; es blieb immer das große Gebiet, auf dem man unbekannten Göttern zu nahe getreten sein konnte.

Nun hat es freilich auch Israel wie alle anderen Völker erfahren müssen, daß sich die Wirklichkeit nicht auf die Dauer in das System einer solchen diesseitigen göttlichen Vergeltung einschnüren lasse, daß die Praxis allen Vergeltungsdogmen hohnspräche. Auch hier mußte sich daher ein Skeptizismus regen, indes ein eigenartiger. In Babylon wie Ägypten konnten tatsächlich die nicht ausbleibenden Erfahrungen. daß der Fromme sein Recht nicht auf Erden finde, sondern leiden müsse, dahin führen, daß man an der Gottheit selbst irre wurde. So spricht in dem bereits zitierten babylonischen Leidensgedichte der Dulder: „Was einem selbst gut erscheint, das ist bei Gott schlecht; was nach jemandes Sinn verächtlich ist, das ist bei seinem Gotte gut. Wer verstünde den Rat im Himmel, den Plan eines Gottes voll von Dunkelheit, wer ergründete ihn? Wie verstünden den Weg eines Gottes die blöden Menschen!" Das Gebet endet ohne Hoffnung (so scheint mir Jastrow II S. 129 gegen Zimmern mit Recht anzunehmen). Und ähnlich ist es in dem ägyptischen Gespräch des Lebensmüden; hier ist der Tod der Weisheit letzter Schluß.

Wer möchte leugnen, daß solche Gedanken vorübergehend auch einzelnen alttestamentlichen Frommen gekommen sind? Zeugen des sind einzelne Worte im Hiob (vgl. 16, 7 ff.; 17, 1 ff.; 21, 7 ff.; 27, 1 ff.) und in den Psalmen (z. B. 42, 4; 73, 2 ff. usw.). Aber mit ebensolcher Bestimmtheit läßt sich sagen, daß es sich in der alttestamentlichen Religion da nie um bleibende, sondern eben nur um vorübergehende Gedanken handelt, daß vielmehr jedesmal die frommen Beter und Dichter eine Lösung ihrer Skrupel gefunden haben. Es gibt im ganzen biblischen Psalter nur ein Lied, das nicht hoffend, heilsgewiß ausklingt, Psalm 88, eben wegen dieser Singularität wohl ein Torso. Die konsequenten Zweifler sind für die Frommen „Narren" (14, 1).

Am ehesten ließe sich zu jenen ausländischen Produkten das Buch „Koheleth" in Parallele stellen, in dem Kopfe des Verfassers hat die griechische Philosophie eine solche Verwirrung angerichtet, daß es wirklich manchmal scheint, als habe auch er keinen anderen Ausweg gewußt als jene. Doch sogar bei ihm muß betont werden, daß er die Konsequenzen des wirklichen Skeptizismus nicht gezogen, nie an der Gottheit irre geworden ist, sondern sogar allem widersprechenden Scheine zum Trotze bei der Hoffnung auf ein endliches Gericht ausgeharrt hat, die allerdings bei ihm einen stark unvermittelten Eindruck macht.

Sonst aber ist stets eine wirkliche Lösung gefunden. Auf welchem Wege? Nicht, das wollen wir vorausschicken, durch den Hinweis auf eine Auferstehung oder eine jenseitige Vergeltung. Nur in zwei der jüngsten Epoche alttestamentlichen Schrifttums angehörigen Schriften tröstet man sich jener im Hinblick auf die gefallenen Märtyrer (Jes. 24—27; Dan. 12). Hier also hat sich die alttestamentliche Religion gerade verhältnismäßig lange ablehnend verhalten gegen Hoffnungen anderer altorientalischer Völker, besonders der Ägypter und Perser, doch auch der Babylonier (vgl. Hiob 16, 22 usw.). Aber so sehr es zunächst auch scheint, als ob diese darin Israel voraus gewesen seien, sollte nicht die spätere Herübernahme jener Hoffnung nur zu einer inneren Erstarkung der Religion beigetragen haben und daher nur ein Vorzug sein? Jedenfalls muß betont werden, daß einen wirklichen Trost in den Kämpfen des Lebens die Auferstehungshoffnung jenen Religionen nicht gewährt zu haben scheint, war sie doch nicht als sittliches Postulat, wie später für das Judentum, sondern auf Grund der Beobachtung des Vergehens und Entstehens in der Natur entstanden.

In der Hauptsache begegnete die alttestamentliche Religion, soweit man sich nicht doch schließlich immer wieder bei dem

alten Vergeltungsglauben beruhigte, auf zweifachem Wege dem
auftauchenden Skeptizismus. Den einen weist vor allem der
Verfasser das B. Hiob. Die Natur ist Zeugin einer alle menschliche Weisheit so hoch überragenden göttlichen Weisheit, daß
der Mensch am besten tut, sich dieser einfach blind anzuver-
trauen und ohne jede weitere Reflexion sich in Gottes Wege zu
schicken. Irgend einen Ausweg wird und muß er immer haben,
„Ich weiß, mein Erlöser lebt". Bis jetzt kann die gesamte altorientalische Literatur diesem gigantischen Werke noch nichts
Gleichwertiges an die Seite setzen, wird es aber auch nie
können, weil außerhalb des monotheistischen Bodens eine solche
Theodizee einfach ausgeschlossen ist. Sachlich dasselbe meint
Deuterojesaja, wenn er Gott sprechen läßt: „Meine Gedanken
sind nicht eure Gedanken, und eure Wege nicht meine Wege"
usw. (55, 8 f.).

Ist das der Weg, den fromme alttestamentliche Denker zur
Lösung des Dilemmas eingeschlagen haben, so ist noch wichtiger
für die Einschätzung der Religion der andere Weg, den die
frommen Beter gefunden haben. In ihrem Kampfe gegen die
verweltlichte Religion des Volkes waren die Propheten, wie
schon einmal erwähnt, mehr und mehr dazu gekommen, das
naive Band zwischen den natürlichen Gütern und Übeln mit den
göttlichen Stimmungen der Gnade und des Zornes zu zerschneiden
allen Nachdruck auf die letzteren zu legen. Sie hatten es zunächst persönlich erfahren, wie man diese innerlich erleben
könnte, auch ohne äußere Erweise. So hatte besonders der Prophet Jeremia ein Leben geführt, das ein Leben im Dienste
Gottes war und doch gerade in einem Verzichte auf die natürlichen Güter, d. h. aber in einem Verzichte auf alle äußerliche
Vergeltung bestand. Man besaß Gott im Glauben, in der Liebe,
im Gebet, im Herzen — allem äußeren Geschehn zum Trotze —,
damit war prinzipiell das Problem gelöst. Und diese Lösung,
nicht durch Nachdenken, sondern durch Erleben gefunden, ist
in der alttestamentlichen Religion nicht etwa der Besitz einer
vereinzelten, gottbegnadeten Persönlichkeit geblieben, sondern sie
fand ihren Widerhall in der Gemeindefrömmigkeit.

Damit sind wir zu den beiden Höhepunkten der alttestamentlichen Religion gelangt, Höhepunkten, die uns zeigen, daß wir uns in einer ganz neuen Welt befinden. Der erste ist der: die alttestamentliche Frömmigkeit hat ganz neue religiöse Güter gefunden, von denen sonstige altorientalische Frömmigkeit überhaupt nichts ahnt, vor allem ein höchstes Gut, den lebendigen Gott selbst. Jeremia spricht: „O Jahwe, meine Kraft, meine Burg, meine Zuflucht (16, 19), mein Lobpreis bist du“ (17, 14). Deuterojesaja läßt den Gottesknecht sprechen: „Mein Gott ward meine Stärke“ (49, 5). Man sieht, diesen Propheten hat ihr Gott alle natürlichen Güter ersetzt. Und ihm wenden sich die frommen Sänger mit Liebe und Vertrauen zu, an ihn halten sie sich in allem Dunkel. So hat die alttestamentliche Frömmigkeit ein Zentrum gefunden, fest wie Burgen und Felsen (Ps. 18, 2 f.), ein Zentrum, von dem aus sie trotz allen immer wieder auftretenden Zweifelns und Schwankens die Welt zu überwinden vermochte. „Meine Seele dürstet nach Gott, nach dem lebendigen Gott“ (42, 3). „Du bist uns Zufluchtsort von Generation zu Generation“ (90, 2). „Wenn auch Vater und Mutter mich verlassen, Jahwe nimmt mich auf“ (27, 10). „Bei dir ist die Quelle des Lebens, in deinem Lichte sehen wir das Licht“ (36, 10). Und den Gipfelpunkt bezeichnet hier Ps. 73: „Wen hab ich im Himmel, und außer dir begehre ich nichts auf Erden“. Vermag man auch nur den Schatten einer Parallele dazu aus den Äußerungen der altorientalischen Frömmigkeit zu erbringen?

Und der andere Höhepunkt liegt nach der sittlichen Seite hin. Ebenfalls im Kampfe der Propheten wider das Volk war allmählich ein neues Lebensideal entstanden, das des Armen, der natürlichen Güter Beraubten oder sich derselben freiwillig Entäußernden. Wie schon ein Amos, Jesaja und Micha sich besonders der Anijjim und Anawim in ihrem Volke angenommen und angedeutet hatten, daß diese den eigentlichen Kern desselben bildeten, so hatte vollends Deuterojesaja den Ani geradezu zur Idealgestalt des Volkes erhoben: der Knecht Gottes, der sich geißeln und anspeien, ja töten läßt für sein Volk, gerade der ist der Retter desselben. Damit war nun ebenfalls das Vergeltungsproblem prinzipiell überwunden und einer ganz neuen

Frömmigkeit der Weg gebahnt, einer Frömmigkeit, die nicht mehr auf die Güter dieser Welt blickt, auf dieselben freiwillig verzichtet, die, fern von allen natürlichen Gütern, das Gottesreich besitzt. „Durch Stillesein und Harren werdet ihr stark sein" hatte ein Jesaja seinem Volke zugerufen, und der fromme Sänger respondiert ihm: „Vertraue auf Jahwe und tue Gutes, so wirst du im Lande wohnen und in Sicherheit weiden" (37, 3). „Deinen Willen mein Gott zu tun ist meine Freude" (40, 9). Das Höchste, was sich ein Dichter wünscht, ist ein „gebrochenes und zerschlagenes Herz" (51, 19), und ein anderer: „Nur eins bitte ich von Jahwe, nur eins suche ich, daß ich wohne im Hause Jahwes alle Tage meines Lebens" (27, 4; vgl. 84, 11). Nicht immer haben sich die Psalmensänger auf der Höhe der Propheten halten können, viele sind doch wieder zu den alten Zielen und Idealen des Volks zurückgesunken, aber Nachwirkungen lassen sich bei ihnen vielfach konstatieren, ein Ehrentitel ist bei ihnen allen das עני von da an geblieben (Ps. 22; 69 usw.), immer wieder brach sich der Gedanke eines Gottesreichs Bahn, das nicht von dieser Welt sei, in dem andere, höhere, überweltliche Werte gelten.

In der Schilderung des elenden Zustandes der Beter erinnern die babylonischen Gebete und Hymnen immer wieder an die alttestamentlichen. Vermag man aber einen einzigen Beleg für den Gedanken zu erbringen, daß gerade dies Elend der höchste Ruhmeskranz sei (vgl. Jes. 53, 10), daß gerade den Armen die Zukunft des Gottesreichs gehört, daß die Dulder das Land besitzen werden (vgl. Ps. 37, 11)? Ach nein, einzig und allein die Güter und Ziele des fleischlich-natürlichen Herzens treten uns hier entgegen, nie hat es auch in dieser Beziehung die altorientalische Frömmigkeit vermocht, sich „über die Natur zu schwingen".

Und so war unser Resultat auch hier das immer wiederkehrende: gemeinsame Ausgangspunkte, aber vollständig verschiedene Entwicklungen und Resultate, abermals in der alttestamentlichen Religion ein sonst nicht nachweisbarer, alles umgestaltender Faktor. Und gerade an das in diesem Kapitel behandelte Gebiet hat die vergleichende Religionswissenschaft

die Hand anzulegen, wenn sie den tiefsten und eigentlichsten
Puls der Religionen feststellen will.

VI. Gottesglaube und Gotteslehre.

Wir haben bis jetzt fünf Gebiete des religiösen Lebens an
unseren Augen vorüberziehen lassen und jedesmal dasselbe beobachtet: in die altorientalischen Gebräuche, Sitten, Vorstellungen usw. ist ein eigenartiger neuer Faktor hineingetreten,
der alles umgestaltet hat. Welcher ist das? Wir haben es
jedesmal schon angedeutet, fassen ihn jetzt aber speziell ins
Auge: es ist ein neuer einzigartiger Gottesglaube, eine einzigartige Gotteslehre. Und damit kommen wir zu dem zentralsten
Gebiete der Religion, demjenigen, von dem alle anderen neu-
schöpfendes Licht erhalten haben, aus dem die einzigartige Ge-
staltung der gesamten alttestamentlichen Religion abzuleiten ist.

Der alttestamentliche Gottesglaube ist seit des Mose Tagen
ein Novum im Kreise der altorientalischen Religionen, und ihm
haben sich alle anderen Gebiete des religiösen Lebens früher
oder später amalgamiert: da haben wir den Schlüssel zu dem
ganzen Problem in den Händen. Und doch ist es nach den
neuesten Erschließungen der Religionen des alten Orients auch
nicht auf diesem zentralen Gebiete so, daß unvermittelt, abrupt
der neue Gottesglaube entstanden ist. Auch hier sind wir vielmehr verpflichtet, den alttestamentlichen Gottesglauben in den
Rahmen der anderen altorientalischen hineinzustellen; dann
werden wir erst jenen ganz und recht verstehen.

Können wir den alttestamentlichen Gottesglauben auf eine
Formel bringen? Wir hoffen auf weitgehende Zustimmung, wenn
wir etwa so sagen: a) Jahwe von Ägypten her Israels Gott;
b) Jahwe ein unsichtbarer und unabbildbarer, gnädiger aber
auch heiliger und gerechter Gott; c) Jahwe zugleich auch der
Weltgott, der Gott aller Völker und der Individuen. Es ist mir
natürlich bekannt, daß in den letzten Jahrzehnten innerhalb der
alttestamentlichen Theologie die lebhaftesten Kämpfe darüber
geführt sind, ob jene drei Sätze alle schon als von Mose prokla-

miert angesehen werden können, oder sich erst allmählich entwickelt hätten.

Daß der erste ein mosaisches Axiom ist, wird heutzutage allgemein angenommen. Daß der zweite eine Zusammenfassung mosaischer Gedanken ist, ist gegenüber der sog. Künen-Wellhausenschen Schule, die ihn erst auf die Schriftpropheten zurückführt, seit langem mit Energie von einer Reihe alttestamentlicher Forscher, wie König, Robertson u. a., zu denen auch ich mich zählen darf, besonders auf Grund von Exod. 20; 34; Amos 3, 1 f., und der Kette Samuel, Nathan, Elias verfochten. Gewiß unvoreingenommene Forscher wie Winckler und Ed. Meyer haben unserer Ansicht in jüngster Zeit teils direkt teils indirekt glänzend recht gegeben, letzterer a. a. O. S. 451 die Wellhausensche These, Mose habe nur den Satz aufgestellt, Jahwe sei der Gott Israels, als eine inhaltsleere Phrase bezeichnend. Übrigens haben ihre Anhänger selbst in den letzten Jahren ihren alten Behauptungen die schärfsten Spitzen abgebrochen und eine Veranlagung der mosaischen Religion auf jene Ziele hin zugegeben, so daß der Unterschied der Perioden immer schwimmender geworden ist.

Daß der dritte Satz, daß Jahwe auch der Gott der Völker sei bzw. sein werde, auch bereits vorprophetisch ist, läßt sich auf Grund von Gen. 49, 10; Deut. 33, 17; Amos 5, 18; 9, 7 und besonders den jahwistischen Partien von Gen. 2—11 absolut sicher behaupten. In diesem Punkte hat sich in den letzten Jahren vollends eine erfreuliche Gesundung der Anschauungen bemerkbar gemacht (vgl. Gunkel, Greßmann, Bäntsch, Stärk). Dagegen ist es richtig, daß jener Satz durch äußere Dokumente sich nicht als ein mosaischer belegen läßt, daß er in der sog. vorprophetischen Periode auch noch sehr zurückgetreten, erst von den Schriftpropheten theoretisch entfaltet ist. Aber weil er anderseits vor diesen sicher bereits vorhanden war und von Priestern oder Sehern der Richter- und ältesten Königszeit doch unmöglich neu kann geschaffen sein, so muß angenommen werden, daß der von Mose verkündete Gott eben als der überweltliche, heilige doch von vornherein auf den Weltgott hin angelegt und von ihm aus Pädagogie — handelte es sich ihm doch lediglich

um die Begründung einer jahwegläubigen Volksgemeinschaft —
nur als der Volksgott proklamiert war. Infolge des einzigartigen
Charakters aber, den schon Mose ihm zugeschrieben, konnten in
den folgenden Jahrhunderten Priester und Seher, ohne irgendwie sein Wesen zu alterieren, sobald sich in der Geschichte, in
historischen oder eschatologischen Betrachtungen der Blick auf
andere Völker richtete, Jahwe auch als den Gott dieser, als den
einzigen Weltgott ansehen und feiern, so gewiß sie auch an-
nahmen, daß andere Götter neben ihm existierten. (So in der
Hauptsache auch Bäntsch.)

Doch direkt interessiert uns hier diese innertheologische
Streitfrage gar nicht. Wir suchen die alttestamentliche Religion
in dieser Abhandlung als eine Einheit anderen altorientalischen
Religionen gegenüber zu begreifen, und daß jene drei Sätze zu
der Zeit, als eine offizielle Staatsreligion in Jerusalem etabliert
wurde, d. h. bei der Reform Josias auf Grund des Deuteronomiums offizielle Anerkennung gefunden haben, das wird ja keiner
leugnen wollen. Daher formulieren wir die Frage so: wie ver-
hält sich jener auf jeden Fall von Mose begründete und auf
jeden Fall in der prophetischen Ära fertig entwickelte Gottesglaube zu den anderen altorientalischen? Liegen Verbindungs-
linien, Verwandtschaften vor oder ist jener ein absolutes Unikum?
Drei Punkte sind ins Auge zu fassen.

1. Ist der Name Jahwe ein spezifisches israelitisches Eigentum? Diese Behauptung läßt sich kaum noch mit Sicherheit
aufrecht halten. Zwar das Vorkommen des Namens auf kananäischen Keilschrifttafeln sowohl aus Babylon (um 2000) wie aus
Palästina (Ta'annek um 1450) ist sehr unsicher. Aber die syri-
schen Namen Azrijau von Jaudi und Jaubidi von Hamath führen
doch tatsächlich jenen Gottesnamen in sich; freilich, sie stammen
erst etwa aus dem 8. Jahrhundert, man könnte also israelitische
Beeinflussung statuieren, doch wahrscheinlich ist sie nicht. Vorläufig nur als Kuriosum soll erwähnt werden, daß ich Jah auf
einem kananitischen Krugstempel in Jericho gefunden zu haben
glaube. Aber vielmehr als dies alles führt die Bibel selbst auf
außerisraelitischen Ursprung. Erst als man anfängt zu reflek-
tieren, zur Zeit des Elohisten, nimmt man an, daß der Name

erst seit des Mose Tagen vorhanden war. Der Jahwist statuiert ohne weiteres, daß der Name schon aus der Urzeit Tagen stammt (vgl. Gen. 4, 26). Er wird recht haben. Der Name, von dem wir übrigens nur wissen, wie Israel ihn gedeutet, nicht was er zuvor bedeutet hat, hat vermutlich einmal eine viel weitere Gebrauchssphäre gehabt; warten wir noch ein wenig mehr altorientalisches Material ab. Mose dürfte ihn in diesem Falle nur umgelautet haben.

Doch was folgt daraus für die Einschätzung der alttestamentlichen Religion im Rahmen der anderen altorientalischen? Doch nur das, daß dieser vielleicht auch anderen Völkern neben anderen Göttern bekannte Jahwe, mag er nun ein Sturm-, Wetter-, Feuer- oder Vulkangott gewesen sein (für alles kann man Argumente erbringen), in der alttestamentlichen Religion ein vollständig anderer, nämlich der einzig zu verehrende, über Sturm, Wetter, Feuer und Vulkan unendlich hinausgehobene Gott der israelitischen Stämme geworden ist.

2. Doch gerade auch diese Einzigkeit Jahwes will in den altorientalischen Rahmen hineingestellt sein. Seit 30—40 Jahren weiß man, wie wir bereits sahen, daß das Bewußtsein, einen Volksgott zu haben, durchaus nicht den israelitischen Stämmen spezifisch eigentümlich ist, daß vielmehr wahrscheinlich alle altorientalischen Stämme, Stadt- und Volksgemeinden in ähnlicher Weise ihren Schutzgott, Vater und König besessen haben. Darauf führt das Alte Testament selbst z. B. Richt. 11, 24 usw., das ist durch den Meschastein, ägyptische und babylonische Funde aufs glänzendste bestätigt: Kamos der Gott der Moabiter, Milkom der Ammoniter, Dagon der der Philister, Marduk der Babylons usw.

Aber so gewiß sich danach auch in dieser Beziehung die alttestamentliche Religion wieder durchaus in einem Vorstellungskreise bewegt, der als ein altorientalischer bezeichnet werden muß, der tiefgreifende Unterschied ist mit Händen zu greifen. Von keinem dieser Götter kennen wir das: du sollst nicht andere Götter haben neben mir, und ebensowenig das: von Ägypten her d. h. ich bin durch eine besondere Tat dein Gott geworden. Und daher ist bei keinem der anderen altorientalischen Völker aus dem Überwiegen des einen Gottes eine wirkliche religiöse Monarchie, ein Monotheismus geworden, im Gegenteil, trotz einiger monotheisierender Reformen ist der Polytheismus in Wirklichkeit mit jedem Jahrhundert nur noch bunter und krauser geworden. (Vgl. die übersichtliche Zusammenstellung bei Bäthgen: Beiträge zur semit. Relggsch. I.)

3. In neuester Zeit hat man nun den alttestamentlichen Monotheismus in noch anderer Art an allgemein altorientalische Vorstellungen anzuknüpfen versucht. Daß die Volksreligion in Babylon und Ägypten durchaus polytheistisch war, ist ja nicht zweifelhaft und ebensowenig, daß man alle Götter als erst durch Theogonie entstanden ansah (vgl. den Beginn des bab. Schöpfungsepos). Aber man hat sowohl in der babylonischen Gemeindefrömmigkeit wie vor allem in der priesterlichen babylonischen und ägyptischen Spekulation einen werdenden Monotheismus konstatiert, hat gefunden, daß dieser auch in dem vorisraelitischen Palästina eine Stätte gefunden hat, und was liegt dann näher als anzunehmen, daß Abraham sowohl wie Mose eben von diesem altorientalischen Monotheismus ausgegangen sind?

Die Wahrscheinlichkeit ist eine sehr große. Man lese besonders die den Bahnen von Winckler und Jeremias folgenden einleuchtenden Ausführungen von Bäntsch. Besonders die Verbindung Abrahams mit den Mondheiligtümern Ur und Harran, an denen nachweisbar besonders monotheistisch spekuliert ist, die des Mose mit dem Mondheiligtum Sinai, ebenfalls monotheisierende Grundvorstellungen in der altarabischen Religion, mit der Mose durch Jethro in Berührung getreten, die monotheistische Reform Chuenatens auf Grund des Sonnenkultes in Ägypten um 1450, und die Anerkennung eines „höchsten Gottes" im kananitischen Palästina im 2. Jahrtausend (Melchisedek Gen. 14 und Brief des Achijami), das alles sind ja Fakta, die gar nicht wegzuleugnen sind, auch wenn in die astrologische Spekulation babylonischer Priester von einzelnen Assyriologen zu viel hineingelegt sein sollte. Und sind diese Fakta da, so kann man auch nichts anderes annehmen, als daß der alttestamentliche Religionsstifter wirklich an solche bereits vorhandenen Vorstellungen von einem in den Gestirnen bzw. einem Gestirne sich manifestierenden höchsten göttlichen Wesen positiv und negativ angeknüpft hat. Vielleicht liegt ein unmittelbarer Beweis dafür auch noch in dem Titel „Jahwe Zebaoth" d. i. ursprünglich sicher „Jahwe der Gestirne", den er bereits seinem Gotte beigelegt haben dürfte, auch wenn er erst in der Richterzeit nachweisbar ist; auch die Darstellung der Cherubim auf der Lade, so daß Jahwe auf ihnen thront, führt darauf.

Doch nun kommt auch hier alles darauf an, scharf herauszustellen, was Mose aus diesem altorientalischen Monotheismus gemacht, wie derselbe zu einem prinzipiell anderen umgestaltet ist. Auf jeden Fall war ja nun jener Monotheismus erst ein werdender. Das war zwar auch der des Mose nur, wie wir bereits sahen, theoretisch d. h. mit der Kehrseite, daß die anderen Götter überhaupt nicht existierten, ist er erst von den Propheten (Jeremia und Deuterojesaja) proklamiert. Aber es sind von vornherein zwei absolut verschiedene Wege eingeschlagen, von denen der eine sogleich prinzipiell den Monotheismus besaß, der andere aber prinzipiell wieder zum Polytheismus zurückführte. Denn tatsächlich schloß der sog. altorientalische Monotheismus im Grunde den Polytheismus nicht aus, sondern ein: der höchste Gott ist immer nur entweder als summus deus ein primus inter pares, der die anderen gerade zur Voraussetzung hat, oder er existiert nur als abstrakter Begriff, als Zusammenfassung jener in der Spekulation. Mose aber, wenn etwas direkt von ihm stammt, hat sofort proklamiert: du sollst nicht andere Götter neben mir verehren.

Freilich, dem oberflächlichen Beobachter bietet der alte Orient auch hierzu Parallelen dar. Inwieweit die Erzählung von dem Gebote des Hyksoskönig Apophis: „Bete keinen anderen Gott fürder an als Sutech" historisch verläßlich ist, ist allerdings ganz ungewiß (vgl. Bissing, Geschichte Ägyptens S. 38); jedenfalls ist dieser Gott sehr bald einer neben anderen im großen Pantheon geworden (vgl. Erman S. 76). Dagegen ist die monotheistische Reform Amenophis IV., Chuenatens eine unleugbare Tatsache, auf den schönen Sonnenhymnus aus seinem Kult haben wir schon oben hingewiesen, bewundernd muß man vor dem sich in ihm verratenden Universalismus der göttlichen

Fürsorge stehen bleiben. Indes, so gewiß gelehrte religiöse Spekulation bei ihm mitgewirkt hat (vgl. den neuen Namen, den er dem Sonnengotte beilegt), im Grunde war die ganze Reform ein politischer Akt, die Religion sollte im Hinblick auf die Ausländer modernisiert, alles von den Vätern Ererbte abgestoßen werden, und das Gebot, nur jenen Gott zu verehren, ist erst im Laufe des Kampfes mit den Vertretern des alten Amonkultus geboren (vgl. Erman S. 65 ff.). Daher hat die ganze Aktion seine Regierungszeit nicht überlebt. Und ähnlich liegt die Sache bei der Reform Adad-niraris III. von Ninive um 700. Von ihm besitzen wir die Inschrift: „O Nachkomme, auf Nebo vertraue, auf einen anderen Gott vertraue nicht." Und tatsächlich machte sich auch noch unter Assurbanipal das Überwiegen des Nebokultes bemerkbar. Aber auch hier handelt es sich im Grunde um eine politische Maßregel, deren Spitze gegen den Marduk von Babylon gerichtet ist.

Nun hat freilich neuerdings Winckler (S. 45) gesagt, mit den Reformen eines Hiskia oder Josia sei es doch auch nicht anders gewesen, auch die hätten ja keinen dauernden Bestand gehabt. Indes, man muß den Kopf zu diesem Vergleiche schütteln: ist denn nicht in Israel die Jahweverehrung seit des Mose Tagen die an den Zentralheiligtümern immer von neuem siegreich durchgesetzte gewesen, muß nicht geradesogut wie jene späteren auch die Aktion des Elias bzw. Jehu und die des Josaphat bereits als eine Reform zugunsten der ausschließlichen Verehrung Jahwes in Israel bezeichnet werden? Ist denn nicht wirklich in der alttestamentlichen Gemeinde trotz aller Kämpfe schließlich der Monotheismus zu geradezu unbeschränktem Siege geführt, und wo ist das sonst geschehen? Gewiß hat W. darin recht, auch bei jenen Reformen ist mit weltlichen Mitteln gearbeitet; aber wo sind die weltlichen, politischen Motive bei den Anbahnern derselben, den Propheten, und haben es hier nicht die Anhänger vielfach mit ihrem Blute besiegelt, daß es sich ihnen um mehr als um Machtgelüste handelte (vgl. die Märtyrer in Manasses Tagen usw.)?

Nein, der vollständig verschiedene Erfolg der Reformen muß einen tieferen Grund haben, und dieser kann nur in der vollständigen Verschiedenheit der verehrten Gottheiten liegen: alle jene Götter, die Sonne Chuenatens wie der Nebo Adad Niraris waren und blieben doch nur Naturgötter, wenn auch der ganzen Natur mächtig, schließlich doch in ihr lokalisiert und untrennbar mit ihr verbunden. Dagegen muß Jahwe von vornherein von der Natur losgelöst, über sie hinausgehoben, muß von vornherein kein Naturgott, sondern freiwaltende Persönlichkeit, der „Erste und Letzte“, wie ihn später Deuterojesaja 41, 4 nennt, gewesen sein. Alle jene Götter waren schließlich doch durch Naturbetrachtung, Abstraktion und Spekulation gewonnen; wenn aber etwas in den Erzählungen von der Stiftung der alttestamentlichen Religion historisch ist, so doch ganz gewiß das, daß Jahwe durch ein historisches Ereignis, die Rettung aus Ägypten, sich seinem Volke als der allmächtige manifestiert hatte und dem entsprechend vor allem in einer zusammenhängenden Geschichte als dieselbe seinen heilsgeschichtlichen Zwecken dienstbar machender Gott seines Volkes gefunden und erkannt werden wollte.

Und ebenso zeigt sich im zweiten Gebote, dem Bilderverbote konkret, daß der alttestamentliche Religionsstifter sich von vornherein dessen bewußt gewesen ist, einen vollständig anderen Gott zu proklamieren, als ihn die anderen altorientalischen Völker besaßen: Jahwe ist ein Gott, der mit nichts in der Natur zusammenhängt, ein überweltlicher, geistiger Gott.

Aus allem diesen folgt ein weiterer radikaler Unterschied zwischen jenem altorientalischen und dem alttestamentlichen Gottesglauben: dort war und blieb derselbe eine Geheimlehre der „Wissenden“, hier von vornherein ein Besitz des einfachen Mannes im Volke, des ganzen Volkes. Winckler bemüht sich, um seine These von der im ganzen Orient verbreiteten biblischen Religion durchführen zu können, auch die alttestamentliche Religion immer als Lehre, die dem ganzen Volke zugänglich gemacht werden sollte, hinzustellen. Das war sie gewiß auch, aber noch weit mehr: ein „Glauben“, d. i. ein persönliches Festhalten des einen Gottes seitens der Volksglieder, ein Genießen seiner Gemeinschaft, ein Dienen, nicht nur im äußeren Wandel, sondern vor allem im Herzen, das mit der Lehre gar nichts mehr zu tun hat. Und alles dies war bei dem altorientalischen Monotheismus unmöglich.

Ich denke, damit beginnt sich uns das ganze Rätsel zu lösen. Auf dem Boden des altorientalischen Monotheismus k o n n t e auf dem Wege natürlicher Evolution eine monotheistische Religion überhaupt nicht entstehen, denn, wenn auch zeitweise auf einen Gott alles Interesse konzentriert wurde, man konnte auf die Dauer nicht einsehen, da auch dieser nur ein Bestandteil der Natur war, warum man nicht einem anderen dieselbe Verehrung zollen sollte. Und wo man es zu nur einem Gotte brachte, da war derselbe nichts weiter als eine Abstraktion, eine Zusammenfassung der Naturkräfte, zur der ein Lebens-, ein religiöses Verhältnis ausgeschlossen war. Der alttestamentliche Gott aber war eine jenseits der Natur stehende Persönlichkeit, ein Gott, der frei waltend derselben gegenüberstand, der die Geschichte nach einem einheitlichen Plane lenkte, der aber auch in einen persönlichen Verkehr mit seinem Volke wie mit den einzelnen Gliedern desselben treten, neben dem daher aber auch kein anderer Gott bestehen konnte. Den Gedanken, die Vorstellung eines höchsten Wesens in der Natur hat Mose gewiß schon vorgefunden bzw. überkommen, aber den Charakter dieses hat er vollständig geändert, einen absolut neuen proklamiert. Und wie hat er ihn gefunden? Durch Nachdenken? Wird je durch Nachdenken eine Realität geboren, über deren Existenzberechtigung ihr Finder überhaupt kein Wort verliert, die einfach für ihn vorhanden ist wie Jahwe für Mose im ersten Gebot? Wäre des Mose Gottesglauben durch Nachdenken und Spekulieren entstanden, dann hätte er allerdings eine Lehre über ihn seinem Volke geben müssen. Aber, daß er dies nicht getan, zeigt uns, wie sein Gottesglaube geboren wurde: durch ein innerstes persönliches Erlebnis, durch die Offenbarung, die er empfangen.

Aber der Unterschied ist damit noch nicht erschöpft, er beschränkt sich nicht darauf: hier Naturgott, dort freie Persönlichkeit, man muß vor allem hinzufügen: hier mit ethischen Attributen ausgestattete Götter, dort eine im innersten Wesen sittlich-heilige Persönlichkeit. Auch hier ist ohne weiteres zuzugeben, daß die alttestamentliche Religion an allgemein alt-

orientalische Vorstellungen angeknüpft hat. Schon im 3. Jahrtausend waren ein Sin, Schamasch, Marduk usw. von ihren Ver-
ehrern als die gerechten und für das Recht eintretenden Regenten,
als die gnädigen, sich der Armen usw. Erbarmenden, als die
das Gute, die Wahrheit Liebenden beredt gefeiert. Ja, wir
werden vielleicht demnächst von Göttern hören, die noch unmittelbarer an Jahwe erinnern, die für die einfache Sitte ein-
treten, allem Luxus, aller Hyperkultur Feind sind usw. Ich
denke an den „guten und belohnenden Gott, welcher keinen Wein
trinkt", den Gegner des Dusares bei den Nabatäern (vgl. oben).

Aber wo findet man trotz solcher Verwandtschaften Aus-
sagen des Inhalts, daß das innerste Wesen dieser Götter der
Gegensatz zu Ungerechtigkeit und Sünde, die sittliche Heiligkeit
sei, wo solche, daß sie nichts, aber auch gar nichts anderes vom
Menschen verlangen als Rechttun, Liebe, Barmherzigkeit. Demut,
wo solche, daß, wenn gegen diese verstoßen wird, sie dem Lande,
den Städten, die sie erwählt haben, einfach den Garaus machen
werden, wo endlich solche, daß der einzige Zweck, den sie bei
ihrer Weltleitung im Auge haben, der ist, daß Recht und Gerechtigkeit und Frieden sich allerorten erheben? Man sucht
solche Äußerungen in der großen Literatur vollständig vergeb-
lich, so oft wir auch lesen, daß sie gezürnt haben, weil ihr Kult
nicht genügend beobachtet ist. Daneben schiebt sich immer
wieder der Gedanke sogar in die Gebete hinein, daß Neid,
Rivalität, Laune, ein dunkler Wille im Tun und Richten der
Götter mitbestimmend sind, das Bewußtsein eines unveränder-
lichen heiligen Willens als Norm des Lebens der einzelnen wie
der Geschichte der Völker fehlt vollständig. Und das ist wahrhaftig kein Wunder, da alle jene Götter im tiefsten Grunde an
die Gestirne gebunden sind, und wie ließe sich deren Wandel
und Verhältnis, wie der ganze Naturlauf als ein ausschließlich
sittlich bedingter Prozeß begreifen?

Nun leugnen wir gar nicht, daß auch in Altisraels religiösen
Anschauungen die soeben genannten Gesichtspunkte noch nicht
die ausschließlich maßgebenden sind. Es läßt sich nicht ver-
hehlen, daß in den ersten Jahrhunderten des Wohnens im Lande
auch in Israel Gottes Heiligkeit vielfach noch als eine physische,

naturhaft reagierende Unnahbarkeit aufgefaßt, daß Jahwe manchmal als ein willkürlich handelnder, launenhafter Baal gedacht ist, ebenso, daß der Gedanke, seine sittliche Heiligkeit sei im Verhältnis zu seinem Volke die höchste Norm all seines Handelns, vielfach zurücktrat hinter dem anderen, daß er nun ein für allemal mit dem Volke sein müßte.

Aber — das ist der immense Unterschied: aus diesen Verbildungen rang sich in der alttestamentlichen Religion immer von neuem wieder der Gedanke der unbestechlichen Gerechtigkeit und sittlichen Heiligkeit Jahwes in die Höhe (vgl. Nathan, Elias, Amos usw.), der Gedanke, daß er um seiner selbst willen gerade an dem von ihm erwählten Volke die Sünde heimsuchen müsse (vgl. Amos 3, 2). Und dieser sittliche Gottesglaube hat eben in Israel und nur hier triumphiert; nicht nur, daß ihn durch drei Jahrhunderte hindurch die Kette der Schriftpropheten immer wieder vertritt, nein, die ganze alttestamentliche Gemeinde hat ihn schließlich akzeptiert, des sind vor allem Psalter und Chokmahliteratur, doch auch der Priesterkodex usw. Zeugen.

Und so schließen wir diese Erörterung dahin ab: daß Mose an altorientalische Gottesvorstellungen, vielleicht auch Namen bei der Stiftung der Religion angeknüpft hat, kann nicht zweifelhaft sein, und auch in der ganzen ferneren Entwicklung zeigt sich, wie es eben altorientalische Vorstellungen waren, in denen man sich die Gottheit begreiflich zu machen suchte. Aber auf diesem Gebiete zeigt sich doch am unmittelbarsten, wie ein vollständig Neues in die alten Vorstellungen hineintrat, die Lehre, der Glaube, die Gewißheit, daß dieser höchste Gott, der nun Israel erwählt habe, eine über aller Natur und Geschichte stehende, geistige, sittlich-heilige Persönlichkeit sei. Aus dieser neuen Wurzel mußte, wenn auch im alten Erdreich, ein ganz neuer Baum früher oder später erwachsen, ein persönlich-sittliches Verhältnis zwischen Gott und seinem Volke bzw. den einzelnen Frommen, ein Verhältnis des persönlichen Ergreifens wie beim Jesaja, ein Verhältnis der Liebe wie beim Hosea, Jeremia und manchen Psalmdichtern, ein Verhältnis, das in allen anderen altorientalischen Religionen direkt ausgeschlossen war. Das Gebet, der Ausdruck desselben, konnte in ihnen gar nicht über das

Niveau beschwörender, beruhigender Formeln hinauswachsen, weil man im Grunde nicht Persönlichkeiten, sondern personifizierten Naturmächten gegenüberstand.

VII. Die Vorstellungen von Offenbarung.

Wir haben soeben konstatiert, worin die tiefste Wurzel der spezifischen Eigenart der alttestamentlichen Religion im Unterschied von sämtlichen anderen altorientalischen beruht. Indes sind wir damit doch dem Geheimnisse noch nicht ganz auf den Grund gekommen. Denn nun erhebt sich erst die allerschwierigste Frage: woher kommt die Verschiedenheit jener Wurzeln? Das Alte Testament selbst antwortet auf diese Frage: weil der einige, lebendige Gott sich nur in Israel geoffenbart hat, nicht in den anderen Völkern des alten Orients (vgl. Deut. 4, 19 f., 32 ff. usw.) Ehe wir also entscheiden wollen, ob diese Antwort sich auch wissenschaftlich bewährt, haben wir jedenfalls festzustellen, welcher Art die alttestamentliche Offenbarung war, und müssen damit dann auch wieder vergleichen, ob sich auch die anderen Religionen solcher Offenbarungen zu rühmen wissen bzw. wie sie sich dieselben vorgestellt haben. Denn tatsächlich werden wir dann ersehen, wie auch in diesem Punkte die alttestamentliche Religion in den Rahmen der anderen altorientalischen hineingehört, freilich nur, um ihn auch hier zu sprengen.

Jede altorientalische Religion ist wie die alttestamentliche davon überzeugt, den Willen der Gottheit durch Offenbarung derselben zu kennen. Daß dieselbe zu den Menschen spricht, wird ebenso wie im Alten Testament von Mescha (Z. 14, 22), von den babylonischen, ägyptischen Königen usw. erzählt. Aber wir müssen nun festzustellen suchen, in welcher Weise man das „Wort Gottes" zu provozieren bzw. zu vernehmen geglaubt hat. Dabei lassen wir natürlich ganz beiseite das überall neben den offiziellen Religionen herlaufende Bestreben, durch eine Befragung der Totengeister Aufschluß über die Zukunft zu erhalten. Daß das auch in Israel vorgekommen ist, berichtet ja das Alte Testament selbst. Doch ebenso ist zu betonen, daß, soweit wir wissen, keine Religion des alten Orients so energisch

Front gegen diese Sitte gemacht hat, wie die alttestamentliche
(vgl. 2. Mose 22, 17; 1. Sam. 28, 3 f.; Jes. 8, 19 f.; Deut. 18, 11).
Das ist auch eigentlich selbstverständlich, denn es handelte sich
um einen Verstoß gegen das fundamentale 1. Gebot, welches die
anderen nicht besaßen. Hier gilt es nur festzustellen, wie man
den Willen der offiziellen Gottheit zu erfahren glaubte. Und
da haben wir auf fünf Methoden unser Augenmerk zu richten.

1. Die sicher in Babylon ausgebildete und von da über den
ganzen alten Orient verbreitete Anschauung ist die, daß alles
Wissen, wozu neben der Schreibkunst, den Handwerken usw.
auch die Religion gehört, in der Urzeit dem Urmenschen (in
Babylon: Adapa von dem im Ozean wohnenden Ea) mitgeteilt
ist (vgl. die Sage von Oannes, gewisse Nachwirkungen auch im
alten Testament vgl. Gen. 4, 17—22, 26; Jes. 28, 26 ff.; Prov. 8, 22 ff.),
daß aber in der gegenwärtigen Welt das göttliche Wissen in
den Gestirnen kodifiziert und aus denselben wie aus einem Buche
abzulesen ist. In diesen „Tafeln der Schicksale" ist alles vorgezeichnet, und es gilt, ihnen die Omina zu entnehmen. Es bedarf keines langen Beweises, daß die alttestamentliche Religion
gegen diese Erkundung des göttlichen Willens direkt Front gemacht hat. Erwähnt wird sie überhaupt nur wenig. Doch
Jeremia 10, 2 bezeichnet sie ausdrücklich als heidnisch. Und
Deuterojesaja hat nur Hohn und Spott für die „Sterngucker"
über (vgl. 44, 25; 47, 13). Nur in den eschatologischen Erwar-
tungen haben sich vielleicht einige Reminiszenzen an diese altorientalischen Vorstellungen gehalten (vgl. das „Buch des Lebens",
„die Bücher" Dan. 7, 10 usw.), aus dem Zentrum der Gedanken
über die göttliche Offenbarung sind sie vollständig hinausge-
drängt.

2. Doch auch der sonstigen Natur suchte man Omina abzu-
lauschen. Und das ist offenbar auch Altisrael nicht fremd gewesen. Der Tau auf dem Felle Gideons, das Rauschen in den
Bäumen des Bakaholzes (2. Sam. 5, 24 u. a.) gehört hierher, und
noch mehr hörte man aus Erdbeben und Donner die Stimme
Gottes heraus (vgl. 1. Sam. 7, 10; Am. 1, 2; 8, 8 f. usw.). Doch sobald etwa aus Wetterdeutern Wetterpropheten, Wettermacher,
Regenzauberer (עֹנְנִים) u. dgl. wurden, da sind auch sie von den

Propheten aufs schärfste verurteilt, wie alle Zeichendeuter (vgl.
Jes. 2, 6; Deut. 18, 10, 14 usw.).

3. Am allgemeinsten verbreitet scheinen im westlichen Orient
die Orakel gewesen zu sein, die man durch irdisch-technische
Mittel herbeizuführen suchte. Freilich ist auch hier von vornherein zu konstatieren, daß die alttestamentliche Religion denselben in weit geringerem Umfang Raum verstattet hat als alle
anderen. Becherweissagung, Leberschau, Vogelschau u. a., was
in Ägypten und Babylon in ganz detaillierter Weise ausgebildet
ist, wird zwar im Alten Testament auch erwähnt, aber als Sitte
der Ausländer, scheint in Israel selbst fast nie kultiviert zu sein
(vgl. Joseph in Ägypten Gen. 44, 5; Nebukadnezar Ezech. 21, 26;
Bileam Num. 23, 3).

Dagegen ist allerdings eine Art des Orakels mit bestimmter
Technik auch im alten Israel sehr stark geübt, die Erkundung
des göttlichen Willens durch das Los, die Urim und Tummim.
Während die daneben auch erwähnte durch die Teraphim wenigstens nicht offiziell ausgeübt wurde, war jene nach Deut. 33, 8 f.
(vgl. 1. Sam. 2, 28; 14, 3. 36 ff. usw.) geradezu die berufsmäßig
priesterliche in der ältesten Zeit. Welche Rolle spielte das
dabei umgegürtete Ephod z. B. in der Zeit Davids in jeder
schwierigen Situation! Die Akten über den Vorgang sind allerdings immer noch nicht geschlossen, nur, daß es ein Losen war,
wissen wir sicher, man streitet, ob mit Steinen oder mit Figuren;
das Wahrscheinlichste ist, ihn mit dem altarabischen Pfeilorakel, dem Istiqsam zusammenzustellen (vgl. das Wort torah,
das Pfeilorakel Davids und Jonathans, 1. Sam. 20, sowie קֶסֶם,
das später Terminus für das verpönte Wahrsagen geworden ist;
im übrigen meine Studie „Das israelitische Ephod").

Hier ist also wieder eine altorientalische Verbindungslinie
unleugbar. Aber gerade hierin zeigt sich nun wieder die eigenartige Entwicklung der alttestamentlichen Religion. Spätestens
mit dem Propheten Hosea beginnt eine Polemik gegen diese
Art, den göttlichen Willen zu befragen. Er bezeichnet 4, 12
das Befragen des Holzes als eine Verirrung durch Hurengeist
(vgl. 1. Sam. 15, 25; Richt. 8, 27 f.). Und sie hat im Deuteronomium gesiegt. Zu einer Zeit, wo sich in Assur, Babylon und

Ägypten diese Mittel nur noch häufen, da wird in Israel das ganze קֶסֶם als heidnisch unter Verdikt gestellt (vgl. 18, 10 ff.). Auch die Priester haben dieser Polemik Rechnung tragen müssen und allmählich ihre Thora lediglich durch das klare Wort erteilt, unter den heimkehrenden Juden weiß keiner mehr Urim und Tummim zu handhaben (vgl. Esra 2, 63).

4. Ebenfalls allen altorientalischen Religionen gemeinsam ist die Vorstellung, daß die Gottheit durch Träume rede, speziell beim Schlafen an heiliger Stätte, an der man sog. Inkubationsorakel einholte. Die Träume spielen bei den assyrisch-babylonischen Königen eine besonders große Rolle. Auch in der Samuelgeschichte und besonders beim Elohisten gelten sie anstandslos als Mittel göttlicher Manifestationen. Dagegen verschwinden sie mit der prophetischen Ära fast ganz. Jeremia verurteilt jene ihre Verwertung geradezu 23, 25. 28 (vgl. Sach. 10, 2). Nur der Apokalyptik gelten Träume und ihre Deutung wieder als ein Charisma (vgl. Joel 3, 1; Dan. 2 ff.).

5. Die letzte [1]) und, wie es scheint, mehr im westlichen Orient als in Babylon verbreitete Form der Offenbarung ist die Vision sowie die sich in Raserei, Zungenreden usw. äußernde Ekstase. Daß wir sie besonders unter den Kananitern voraussetzen müssen, ist bereits in I festgestellt. Bald ist der göttliche Geist plötzlich da und ruft Konvulsionen u. dgl. hervor, bald wird er durch Töne und Musik zitiert, bald springt er psychisch ansteckend von einem Verzückten auf den anderen über. Das können wir bei den Nebiim Jahwes wie denen des Baal nachweisen. Und so liegt hier abermals eine Verbindungslinie vor. Bis zum babylonischen Exil haben sie sich in Juda gehalten, als Vertreter national-religiöser Begeisterung einen großen Einfluß auf das Volk ausgeübt. Im Tempel ist sogar zu Jeremias Zeit ein Beamter direkt damit beauftragt, diese „Verrückten" zu überwachen und im Zaum zu halten (Jer. 29, 26).

Aber nun kommt auch hier wieder die einzigartige Entwicklung in der alttestamentlichen Religion. Aus dem großen

---

[1]) Das Ordale, durch das man in schwierigen Rechtsfällen in Israel wie in allen Völkern, übrigens auch noch christlichen, eine Entscheidung herbeizuführen suchte, können wir hier wohl ganz ausschalten.

Baume wächst abermals ein eigenartiger Zweig empor. Sein Wachstum vollzieht sich einigermaßen im Lichte der Geschichte, und dasselbe zu verfolgen ist eine der wichtigsten Aufgaben der alttestamentlichen Theologie. Von jeher, noch ehe der Nebiismus auftrat, hat es in Israel Männer gegeben, die man als „Mann Gottes" bezeichnete (vgl. Richt. 13, 6. 8; Deut. 33, 1; Jos. 14, 6; 1. Sam. 2, 27; 9, 6 f.; 1. Kön. 12, 22; 17, 18; 2. Kön. 4, 7 usw.), Männer, bei denen man einfach spürte, daß eine bald physisch bald geistig wirkende göttliche Kraft von ihnen ausgehe, so daß man merkte, Gott habe sie ganz in seinen Dienst genommen (vgl. Duhm, Die Gottgeweihten S. 16 ff.).

Nun ist es das Charakteristische in der Entwicklung der alttestamentlichen Religion, daß der Nebiismus Israels in der Weise zu diesen in Beziehung trat, daß auch sie auf der einen Seite Geistesäußerungen von der neuen Erscheinung übernahmen, daß aber anderseits die Nebiim sich ihnen willig unterordneten, ihre gemeinsamen Kolonien in den Dienst jener stellten (vgl. 2. Kön. 4 usw.) und so zunächst vor Ausartungen bewahrt wurden. In den Zeiten des Samuel, Elia und Elisa tritt uns dies freundnachbarliche Verhältnis aufs klarste entgegen.

Doch die Zeiten änderten sich. Der Nebiismus entartete mehr und mehr sittlich, wurde zum Handwerk, das alte Gefäß wurde immer ungeeigneter, Gottes Geist zu fassen und zu vermitteln (vgl. schon 1. Kön. 22, 6 ff.). Und so treten plötzlich wieder Männer Gottes auf, die zwar vom Volke auch als Nebiim bezeichnet werden, die aber selbst durchaus nicht mehr solche im landläufigen Sinne sein wollen. Ein Amos protestiert dagegen, mit ihnen zusammen gerechnet zu werden (7, 14), so gewiß auch er in ihnen noch Organe Gottes sieht (3, 7 f.). Ein Hosea (9, 7) und Jesaja bewahren ihnen gegenüber Reserve. Ein Micha aber eröffnet direkt schon einen Feldzug gegen sie (3, 5 ff.). Und vollends ein Jeremia muß sich geradezu im Kampfe gegen sie verzehren (vgl. 14, 14 f.; 23, 31 ff.; 26, 8 ff.; 27, 14 ff.; 28, 15; 29, 31 f.; desgl. Zeph. 3, 4; Ezech. 13, 2 ff.; Sach. 13, 2—6).

Und siehe, in diesem Kampfe, der zunächst nicht irgendwie gegen die bisherige Äußerung der Geistesbegabung geführt wird, sondern nur gegen das berufsmäßige Ausüben derselben im

Gegensatz zu der wirklichen spontanen Gottergriffenheit, gegen das erwerbssüchtige unsittliche Leben und die daraus hervorgegangenen unwahren, nur den Gelüsten des Volkes schmeichelnden ·Botschaften, da wird doch auch die Form der Offenbarung allmählich eine andere. Zwar bleiben noch Visionen und ekstatische Zustände (vgl. Amos 7; Jes. 6; Jer. 1; Ezech. 1), aber dieselben werden seltener, treten an die Peripherie, meistens nur um die, die er als Werkzeuge brauchen will, aus dem alltäglichen Leben herauszureißen, benutzt Gott dies Mittel. Das ekstatische Reden hört ganz auf, das klare Wort tritt an die Stelle, auch das, was die Propheten in den Visionen erleben, teilen sie erst hernach in klaren Worten mit. Und diese Form der Offenbarung wird nach ihnen mehr und mehr die einzig legitime, alle anderen werden unter Verdikt gestellt.

Nicht sie weihen sich Gott, sondern Gott ergreift sie (Amos 7, 15; Jes. 8, 11; Jer. 1, 4 ff.). Gott spricht zu ihnen in ihrem Innern mit menschlichen Worten, und sie haben diese Worte einfach weiterzugeben, nicht die Produkte ihrer Gedanken tragen sie vor. sie gehen vielmehr oft selbst an dem, was sie verkünden müssen, geradezu zugrunde (vgl. Jer. 15, 10 ff.; 18, 23; 20, 7 ff.). Nichts verkünden sie, was ihren Zeitgenossen angenehm ins Ohr klingt, nichts, was sich als Produkt fleischlicher Hoffnung, nationaler Begeisterung, politischer Berechnung, natürlicher Beobachtung ergibt, nein, tatsächlich Geheimnisse aus dem Rate des einen ewigen heiligen Gottes, Darlegung seines Willens, seiner geschichtlichen Pläne, seiner Maßstäbe, Gericht wider die Sünde, Erbarmen der Bußfertigkeit und Armut. Es ist immer und immer wieder das Eine, was sie verkünden: äußerer Gottesdienst allein ist gar nichts wert, Gott verlangt Recht, Gerechtigkeit, Milde, Gott straft das Gegenteil — bis zur Vernichtung seines Volkes, Gott begnadet und rettet nur, wo sich Buße, Umkehr findet. Es würde uns zu weit führen, wollten wir nun im einzelnen verfolgen, wie die Vorstellungen von dem Ergehen des Wortes Gottes an die Propheten, von dem Fallen des Geistes Gottes auf sie usw. sich entwickelt haben, ebenfalls außerhalb des Rahmens der sonstigen altorientalischen Religionen. Genug, daß jene Hauptsache unleugbar feststeht.

Und nun sehen wir uns um in der Literatur des alten
Orients bis hinein in die entlegensten Produkte, finden wir
auch das Geringste, was wir diesem an die Seite setzen können?
Wo sind die Männer des Worts in Babylons, in Ägyptens Geschichte, die durch die Jahrhunderte hindurch als Wächter
haben stehen müssen auf den Wällen, die Posaune am
Munde, um ihren Völkern ihre Sünden anzusagen, wo die, die
Ausstoßung, Schläge, Kerker, wenn nicht den Tod erduldet
haben, weil sie nicht haben schweigen können zum Unrecht in
der Welt? Was ist es denn mit den „Sachwaltern", von denen
Winckler immer wieder als einem Gemeingut des alten Orients
geheimnisvoll und stets mißverstanden spricht? Gewiß, auch die
Predigt der Propheten mußte sich ja in Einzelfällen in politische
Weisungen umsetzen, besonders in den kritischen Zeiten eines
Jesaja, Jeremia und Ezechiel, und politische Agenten hat es
natürlich allerorten gegeben, ebenso Leute, die sich der Armen
angenommen haben, soziale Reformer, ja auch Märtyrer für neue
Ideen werden keinem jener Völker gefehlt haben. Aber wir
verlangen als Parallele einen einzigen Anwalt einer sittlich
heiligen Gottheit, der von deren Maximen aus im Kampfe wider
die fleischlich-natürlichen Gedanken von Hoch und Niedrig das
ganze Leben seines Volkes, das politische, das soziale, das sittliche, das religiöse einheitlich beleuchtet hat. Und solange eine
solche Parallele nicht erbracht wird, ist alles Gerede von der
im ganzen alten Orient verbreiteten und nur israelitisch umge-
stalteten biblischen Religion eitles Gerede, so lange müssen wir
um der wissenschaftlichen Wahrheit willen dabei bleiben, daß
zwar die Anfänge der göttlichen Offenbarung in Israel manche
Verwandtschaft mit den sonstigen altorientalischen Formen auf-
weisen, daß aber jene auf dem Boden der alttestamentlichen
Religion schließlich eine ganz einzigartige geworden ist, eine
Offenbarung, die nicht erst eingeholt, die nicht durch künstliche
Mittel herbeigeführt wird, sondern die von Gott selbst gegen
alles menschliche Wollen und Denken ausgeht und sich vollzieht
durch das unmißverständliche Wort.

Daß nach dem Verstummen der Prophetie und nach dem
Abschluß des Gesetzes auch auf dem alttestamentlichen Boden

wieder ein in altorientalisches Wesen zurückfallendes Epigonentum aufgetaucht ist, das durch Berechnungen, durch allerhand künstliche Mittel und Konstruktionen den göttlichen Willen in bezug auf die Zukunft zu erschließen suchte, die sog. Apokalyptik, soll natürlich nicht geleugnet werden, doch auch bei dieser ist die einheitliche, sittliche Weltleitung der zentrale und maßgebendste Gesichtspunkt geblieben.

Wir haben bis jetzt erst die eine Seite des fundamentalen Unterschiedes, der sich schließlich entwickelt hat, herausgestellt. Der alttestamentlichen Religion ist nun aber nicht nur das eigentümlich, daß nur in ihr die Gottheit sich durch eine fortlaufende Kette von Persönlichkeiten, die sie, ohne daß diese sich ihr zum Dienste wie die Priester berufsmäßig weihten, souverän in ihre Dienste zwecks Erschließung ihres Willens und ihrer Absichten zwang, im einfachen Worte geoffenbart hat. Ihr ist zum anderen auch eigentümlich, daß von vornherein das ganze Volk den Kern dieses göttlichen Willens gekannt hat. Es ist eine in der ganzen Religionsgeschichte vereinzelt dastehende und noch lange nicht genug gewürdigte Tatsache, daß sich das alttestamentliche Volk vom Beginne seiner Geschichte an bewußt war, in der Hauptsache den klaren und einfachen Willen seines Gottes in bezug auf das kultische, das rechtliche und sittliche Gebiet zu kennen und zu besitzen, einen Willen, durch den diese drei Gebiete zu einer höheren Einheit verbunden werden (vgl. Deut. 33, 2 ff.; Num. 23, 10. 21 ff. usw.). Die ganze Prophetie von Samuel bis Maleachi will nichts Neues bringen, sie mißt den Zustand des Volkes an einem immer schon vorhandenen und allgemein bekannten Ideale. Das Deuteronomium ist sich sogar in dieser Beziehung offenbar der prinzipiellen Verschiedenheit der alttestamentlichen Religion von allen andern, die den göttlichen Willen erst vom Himmel ablesen müssen und von jenseits des Ozeans holen, bewußt (vgl. 30, 11—14).

Natürlich ergaben sich in der geschichtlichen Entwicklung immer neue Verhältnisse, auf die der Wille Gottes richtig angewendet werden mußte. Und hier war das Feld für eine Betätigung der Ältesten und Priester, Thora zu erteilen, hieraus resultierte die innere Notwendigkeit der Erweiterung des mosaischen Gesetzes je nach den einzelnen Kulturperioden. Ja, die Schriften der Propheten zeigen uns, daß die Priesterschaft wie überall auch in Israel diese Notwendigkeit mißbraucht hat, sich Macht, Ansehen und Reichtum zu erwerben (vgl. Hos. 4, 8 ff.; Jes. 10, 1; Jer. 8, 8 usw.). Aber auch wieder diesen Mißständen gegenüber bewährt sich die alttestamentliche Eigenart, indem das sonst nie und nirgends aufgetauchte Ideal festgehalten wird, daß wenigstens in Zukunft nicht mehr einer den anderen zu belehren braucht, sondern alle Gottesgelehrte sein werden (Jer. 31, 33; Jes. 54, 13).

Doch der Grundton der Volksstimmung in dieser Richtung ist überhaupt immer die absolute Sicherheit gewesen, im Besitze dieses Wissens von Gut und Böse zu sein; sie verrät sich schon in der einfachen sprichwörtlichen Redensart „so tut man nicht in Israel" (2. Sam. 13, 12), sie macht den Nathan und Elias nicht zu Schöpfern eines neuen, sondern zu Wächtern über einen längst vorhandenen Gotteswillen, diesen setzt Amos 5, 15 ohne weiteres beim ganzen Volke als bekannt voraus, und Micha 6, 8 sagt ausdrücklich: man hat dir gesagt, o Mensch, was gut ist usw. Diese Gewißheit kommt auch am besten darin zum Ausdruck, daß sämtliche neue Gesetze als mosaische bezeichnet werden, als schon von dem Gottesmanne gegeben, mit dem Gott von Angesicht zu Angesicht geredet.

Wir fragen doch billig: wo ist denn die Parallelfigur zu diesem Offenbarer des göttlichen Willens $\varkappa\alpha\tau'$ $\dot{\varepsilon}\xi o\chi\dot{\eta}\nu$ in den anderen altorientalischen Religionen? Dort lesen wir verzweifelte Klagen darüber, daß man den göttlichen Willen überhaupt nicht kenne: „Die Menschen, soweit sie existieren, was wissen sie? Mögen sie schlecht handeln, mögen sie Gutes erweisen, was wissen sie?" IV. R. 10 und noch stärker: „Was aber an sich selbst gut erscheint, das ist wohl bei Gott schlecht, und, was an sich verächtlich ist, das ist wohl bei Gott gut? Wer verstünde den Rat der Götter im Himmel, den Plan Gottes, voll von Dunkelheit, wer ergründete ihn?" IV. R. 60. An der göttlichen Lebensführung sind, wie wir sahen, auch fromme Israeliten zeitweise irre geworden und haben sich schließlich damit trösten müssen, daß Gottes Gedanken andere wären als der Menschen Gedanken (vgl. Jes. 40, 13; 55, 8; Hiob, Psalmen). Aber an dem göttlichen Willen sind sie darum nie irre geworden. Jener war ja eben in Babylon wie Ägypten ein Geheimnis der Priester, und welcher Künste, welcher Mittelchen und Formeln es bedurfte, um im Einzelfalle herauszubringen, was der Laie gefehlt habe, das lehren die babylonischen Bußpsalmen und Beschwörungsformeln. Einen einheitlichen, allen bekannten göttlichen Willen hat es hier nie gegeben und konnte es auch gar nicht geben. Das eine kurze Psalmwort: „Ich kenne meine Sünden" (51, 5) führt uns in eine ganz andere Welt hinein.

Doch ich höre noch die Frage: was ist es denn mit dem Kodex Hammurabi, liegt denn da nicht auch ein göttlich geoffenbartes Gesetz vor, genau wie das mosaische? Was nun zunächst die göttliche Offenbarung anbetrifft, so zweifle ich nicht, daß Hammurabi in dem Epilog zu dem Gesetze wirklich hat sagen wollen, er habe dasselbe auf Befehl des Schamasch, auf Geheiß des Marduk gegeben, wie er denn auch das ganze Pantheon als Wächter über dasselbe aufruft. Aber, daß die Gottheit ihm dies Gesetz mitgeteilt habe, wird tatsächlich nicht gesagt. Man hat es geschlossen aus dem Bilde über dem Kodex, doch Horovitz (Babel und Bibel S. 28 ff.) hat, wie mir scheint, definitiv dargetan, daß dies nicht die Überreichuug der Gesetzesrolle durch Schamasch an Hammurabi darstellt, sondern einfach diesen als vor dem das Szepter haltenden Schamasch als Diener bzw. Stellvertreter stehend. Zum anderen ist für die Originalbestimmungen des biblischen Gesetzes charakteristisch die ständige Form der Anrede mit „du" bzw. „ihr" (vgl. Ex. 20, 2—26; 21, 2; 22, 17—23, 33); hier spricht wirklich Gott unmittelbar zu seinem Volke, im C. H. liegt höchstens eine Übertragung ex post vor. Drittens haben wir schon bei der Vergleichung in II gesehen, daß wir es hier nur mit einem Zivilgesetz zu tun haben, nicht aber wie bereits im Bundesbuch, mit einem Regulativ für das ganze, auch sittliche und religiöse Leben. Und daher ist es viertens nicht zu verwundern, daß aus Hammurabi nicht eine Persönlichkeit geworden ist wie aus Mose. Dieser hat tatsächlich dem ganzen künftigen Volksleben den charakteristischen

Stempel aufgedrückt, den er im Auftrage seines Gottes originell und neu geprägt hat. Hammurabi hat jahrhundertelang seine Bedeutung für das Rechtsleben in Babylon behalten, von einem Religionsstifter Hammurabi oder auch nur von einem Offenbarer und Erschließer des göttlichen Willens Hammurabi hören wir nie etwas.

Und damit schließen wir dies Kapitel ab. Trotz mancher Verwandtschaft in der Auffassung von der göttlichen Offenbarung, die alttestamentliche ist eine vollständig eigenartige geworden, Orakel usw. sind verschwunden, vor den beiden Zeugen des lebendigen Gottes, durch die er unmittelbar zu seinem Volke gesprochen hat, vor Gesetz und Propheten. An diesen versagt die altorientalische Analogie.

Schluß.

Wir stehen am Ende. Ein überreiches religionsgeschichtliches Material ist in gedrängter Kürze an unseren Augen vorübergezogen. Aber das Ergebnis der Vergleichung ist in allen Kapiteln das eine und selbe gewesen: ein großes Ackerfeld von gleicher Qualität, gleicher Fruchtbarkeit und von demselben Gärtner gepflegt, aber nur an einer Stelle hat er ein Edelreis in den Boden gesenkt. Es sind fast dieselben religiösen Vorstellungen, Sitten, Gebräuche, die im ganzen alten Orient vorhanden waren, von jedem einzelnen Volke seiner Eigenart entsprechend ausgeprägt, doch nur in dem einen hat Gott selbst gesprochen, sich erschlossen, und dies sein Wort hat allmählich alles umgebildet, neu gemacht, und zugleich ein gut Teil des altorientalischen Erbes neutralisiert oder ganz abgestoßen.

Auf Schritt und Tritt haben wir Verwandtschaften gefunden, doch, sobald wir genauer zusahen, traten uns nur die Verschiedenheiten deswegen erst recht ins Bewußtsein, so daß es ging wie bei der Vergleichung zweier ähnlicher Menschen: dem fernerstehenden fallen mehr die verwandten Züge auf, doch je näher man sie kennen lernt, um so mehr bleibt das Auge an den unterscheidenden Merkmalen haften. Diese Verschiedenheit, diese Überlegenheit der alttestamentlichen Religion über alle

altorientalischen in geradezu jeder Richtung, die läßt sich unzweifelhaft auf dem Wege vorurteilslos abwägender Religions-
vergleichung dartun. Wie man sie erklärt, ist eine andere
Frage.

Wie das Alte Testament selbst sie beantwortet, haben wir
in VII. gehört. Aber dies Zeugnis allein würde, so viel auch
unmittelbar für dasselbe spricht, auch für uns noch kein definitiv
ausschlaggebendes sein, auch für uns bliebe jene Überlegenheit
nur ein mit Wahrscheinlichkeit gelöstes Rätsel der Geschichte,
denn das, was im Geiste begann, hat im makkabäischen, phari-
säischen und vollends talmudischen Judentum im Fleische ge-
endet. Auch wir müßten daher weiter suchen nach natürlichen
Erklärungsgründen, so sehr auch alle Versuche in dieser Richtung bis jetzt gescheitert sind, die Möglichkeit der Auffindung
neuer Inschriften, die die ganze nachgewiesene Überlegenheit der
alttestamentlichen Religion über den Haufen würfen, würden
auch wir nicht in Abrede stellen können. Nun aber wird jenes
Selbstzeugnis gestützt durch das Zeugnis eines anderen, der da
sagte, daß die Schrift von ihm zeuge. Erst durch sein Wort
ist es uns dauernd und definitiv verbürgt, daß in der alttestamentlichen Religion die „Gnade und Wahrheit", die der Welt
durch ihn zuteil werden sollte, im Hinblick auf ihn stufenweise
vom Vater vorbereitet ist, daß dieser hier wahrhaftig in lebendigen Persönlichkeiten gesprochen, sich selbst erschlossen hat,
um eine Stätte zu bereiten, an der unverhüllt sein Licht erscheinen, und von der aus es hineinscheinen konnte in die
Finsternis zu allen Völkern der Erde. Freilich, von hier aus
erscheinen uns alle aufgezeigten Verwandtschaften der alttestamentlichen mit den altorientalischen Religionen auch plötzlich in
einer neuen Beleuchtung: auch in ihnen erkennen wir nun eine
große göttliche Erziehung, erkennen, wie auch in allen diesen
der eine Gott Himmels und der Erde die Völker schon zu sich
hingezogen hat, sie auf sein Heil vorzubereiten. Und so ist die
letzte Antwort, die wir auf das ganze Problem geben, eine Antwort der Stellung zum Herrn, eine Antwort unseres Glaubens.
Das haben wir hier nicht weiter zu verfolgen.

Aber das möchte ich zum Schlusse noch einmal betonen.

Noch vor 20 Jahren, da Wellhausens religionsgeschichtliche Konstruktion fast ausschließlich Trumpf war, da hatte es den Anschein, als sollte „der kleine Gott von Jerusalem", wie ihn Smend benannte, für die Wissenschaft untergehen im Pantheon der westasiatischen Religionen. Die wenigen alttestamentlichen Forscher, die sich mit aller Energie dagegen stemmten. ein König, Orelli, auch Dillmann u. a. schienen mehr und mehr Prediger in der Wüste zu werden. Aber sie haben Recht behalten. Und daß es jetzt mit einem Schlage anders geworden ist, daß, so gewiß wir Wellhausen und seinen Schülern für ihre eminent scharfsinnigen literarkritischen Arbeiten immerdar Dank schulden werden, deren religionsgeschichtliches Schema einfach schon überwunden ist, daß gerade eine unbefangene wissenschaftliche Vergleichung die vollständige Eigenart, die qualitative Überlegenheit der Religion Israels über die aller seiner Nachbarn seit des Mose Tagen ergibt, daß das Licht des „Heiligen Israels" alle anderen Götter wieder zu Schatten werden läßt. das verdanken wir nicht zum mindesten der Erschließung des alten Orients.